理賠，誰賠你？

別怕，我陪你！

陳金錬 著

陳哲宏 撰文

合法理賠代辦

陪你爭益不再有爭議

前言

理賠不是討債/溝通需要橋樑

爭取權益不必大小聲！受償者也無需扮演弱勢！

保險大小事，你不「理」、哪來受「賠」？

權益受損理應合法求償彌補損失

如何在法律規範之內合乎人情義理爭取損害賠償？

本書內容係提供社會大眾對於保險理賠的正確觀念，重點範疇除了讓大家能夠認知「理賠」在保險功能上的重大意義。

每個人都知道保險這件事情非常的重要，但是每個人買了保險，拿到了保單，也就事後不理了；而你沒有拿到保單條文的社會保險，更不會去關心瞭解，成了無感的保障，所以即使真正發生意外，因為保障事故而擁有得以受償的權益，其實自己根本都不知道！這不僅無形之中自己白白蒙受了損失，而保險也就失去了它的意義和美意。

因此如果視而不見，或因為資訊的消極而漏失，沒有理賠，就失去了保險的意義了！

序

理賠到底找誰賠給你？別怕，我陪你！

理賠的意義就是為了彌補損失，就是一種為了救急甚至救命的事情，可是第一時間，保險理賠人員在哪裡？你能找誰來幫你？
當你發生事故時，你多麼希望能夠聽到身旁有個聲音告訴你：「不用害怕，有我來陪你！」

普悠瑪事故大家仍然記憶猶新、蝶戀花遊覽車事故大家也還不陌生……每每在新聞媒體報導聽聞到重大意外事故的發生，社會大眾無不感到震驚，正是因為新聞的報導讓大家知道意外的發生是多麼可怕？也反應了每一個意外的發生，背後都造成一個個當事人破碎的家庭。

經由新聞媒體露出的重大事故也受到大眾的矚目，但是我們在過著生活的日常之中，同時間在社會上的各個角落其實也有許多大大小小的事故都在發生，只是因為不在你的身邊和周遭所發生，大家沒有看到。

這些不只是交通意外，也有一些是公共安全的意外，以及更多是屬於職業災害，這些事故不僅止是死亡的事件，更多的是傷殘的事故，只要是意外的發生，這些同樣也是每一個事故家庭背後的辛酸，造成多少家庭的悲劇，又有誰去關心和彌補？

這些沒有人看到的大大小小事故，其實我們都得知到了，並且他們事後的困難和處境經歷的後續，只有我們全程陪伴。

我們不僅陪伴，同時更看到了理賠專業的這件事，在現實上是非常需要如同法律、會計、房地產買賣、不動產過戶登記……等等類似的專業人士，從事理賠這方面的代書與代辦，才能夠保障民眾一旦發生事故之後，在保險的理賠範疇業務和服務，得到最完整的協助。

目錄

第三篇　品牌與服務

第四篇　案例（做了什麼？）

第五篇　險種（可以做些什麼？怎麼做？）

第一篇

理賠的真義

1-1

保險的社會意義是什麼？是理賠！

大多數的人在意外發生時，第一時間都會不知所措，在當下最需要急難幫助的時刻，除了親朋好友之外，有什麼緊急的支援可以提供協助？

理賠的社會意義

我們知道現在台灣的社會福利制度，每一個人都擁有「保險」，就算你沒有購買任何的商業保險，但你一定擁有政府所提供給你至少一項歸屬於你身分別的「社會保險」。含括的範圍就是我們所熟知的健保、勞保、公保、農保、學生平安保險……等等。

雖然我們知道擁有這麼多的社會保險，但是當保險理賠原因事故發生時，對於能夠爭取到的自身權益知道多少呢？其實很多人甚至根本都還不知道自己發生的情況能夠申請理賠！這一點真的是令人感到匪夷所思。

理賠的意義與價值是什麼？如果發生保險事故，但因為條件或環境造成弱勢的家庭無法向專業的保險公司申請巨額理賠？那麼它的價值意義何在呢？

我們舉一個實際的保險事故的案例來看，將保險和理賠的全貌對於一個人的影響變化，你就可以知道保險理賠真正的價值與意義了：

民國 100 年 6 月間發生在屏東市的一場車禍，23 歲楊姓少女遭拖板車轉彎撞擊，送往醫院急救，右下肢損傷嚴重。高醫醫院整形外科醫師表示：右腳可能要截肢到大腿以上，爭取保留她的髖關節，以後便無法正常走路，日後生活都需要輔具與家人協助。之後的 4~5 年間，經歷多次住院手術與復健，醫師經皮質重建手術後，右下肢皮膚排汗功能喪失 21%，以後不能正常站立，一輩子都需要輔具如四隻拐杖與輪椅代步。龐大醫藥費使得楊家經濟面臨極大的壓力。當時楊姓少女有打工的勞保，不知道可以申請哪些給付，也因為問過之後，仍然不瞭解流程如何申請，文件如何填寫；另外，當時打工的地方，也不知道公司有投保團險；最後，僅僅家人多年前替她買的醫療保險理賠。等一段時間有了頭緒以後，進行車禍調解也不順利，無法得到理想的理賠金額。105 年 8 月經朋友介紹社會保險代理人，協助獲得理賠 520 多萬元，楊姓少女也在高醫住院期間，遇見現在的先生，110 年登記結婚，一起共同開使新的生活！

社會保險代理人存在的價值，在於目前資訊濫的環境下，及時協助發生事故的家庭獲得正確且充足的資訊，能夠克服密密麻麻的法律條文、麻煩的申請程序與取證，收集、整理並審核查勘定損資料，提出於法有據的理賠，讓最合理、合法、合情的理賠金在第一時間核付給需要的家庭，盡最大的努力協助家庭回到正常的生活步調，建立受害者活下去的信心與勇氣，正向面對自己與家庭的未來，對於保險理賠有正確的認知，促進保險理賠產業的良性發展。

根據政府統計，排除交通事故的職災給付後，107 萬名勞保被保險人中，109 年申請職災給付已超過 1 萬 2,722 人次，其中死亡 118 人，失能 722 人，傷病超過 1 萬 1,923 人。換算之後平均為一天 66 人因職災而受傷或生病，每週甚至有 45 人因職災身亡。另外，根據警政署統計，109 年大小車禍共超過 22 萬多件，共造成 1,248 人死亡，29 萬餘人受傷，較去年同期受傷人數減少 2%，但死亡人數卻增加了 3%，平均每天有 5 人因車禍死亡，1,214 人受傷。

如果有一天，我們的家人一如往常般地出門工作打拼，卻發生職災、車禍造成失能甚至死亡，有什麼不同？當認為該有的理賠又無法如預期的時間內申請到、理賠金額不足，甚至不給付理賠時，又會有什麼不同?

當這些意外產生的風險成本或是主應負的賠償補償責任，都由發生事故的家屬承受時，又會有什麼不同?

1-2

你懂什麼是社會保險？什麼是商業保險嗎？

台灣的健保屬於強制性的社會保險，在國民的健康醫療與衛生方面的領域，台灣的全民健保制度，已成為世界各國所稱羨並希望效仿學習的典範。可是絕大多數的民眾對於健保的內容，只知道每個月必須從薪資所得裡強徵一部分的錢去繳交保費，但是對於其中的保險條文和條件的實際內容，卻不得而知。

因為我們不會碰到健保理賠的事宜，全民健保的理賠金都是賠給醫院和醫生的。

它之所以會讓人無感，主要是因為社會保險是由國家強制人民參與各種保險。預先為各種疾病、身心障礙、失能、失業、職業災害、老年與死亡等社會風險做準備。

保險係社會安全制度中重要的一環，目前我國的社會保險體系係按職業別分立，不同職業別的社會保險制度有不同的主管機關。是指國家通過立法，積極動員社會各方面資源，保證無收入、低收入以及遭受各種意外災害的公民能夠維持生存，保障勞動者在年老、失業、患病、工傷、生育時的基本生活不受影響，同時根據經濟和社會發展狀況，逐步增進公民福利水準，提高國民生活質量。

國家社會保險不同於商業保險

商業保險是定型化契約，而社會保險卻是政府依照社會環境及消費物價指數隨時可調整的法律式契約，條款約一千多條，且沒有保單，實非一般民眾所能理解並且能夠自行辦理的，所以社會保險代理人之存在的價值，對於一個發生事故的家庭來說，實在是非常重要且必要的。

一、社會保險的特點

社會保險就是由政府為推行社會政策，應用保險制度，採用強制方式，對於全體國民或多數國民遭遇生、老、病、死、傷、失能及失業等特定危險事故時，提供保險給付以保障其最低收入安全及基本醫療照顧為目的的一種社會福利措施。而其強制性以及最低收入保障的原則也就是它主要的特點:

(1)強制的原則:

由於社會保險是一種政策性的保險制度，需考慮大多數人的利益及費用負擔能力，且由國家制定法律，把在特定範圍的國民均應參加保險獲得基本的保障，又基於大數法則，人越多風險分擔越平均，且結合風險性高的與低的，可以避免逆選擇，且都獲得保障，防止健康國民遭受疾病、老年及死亡時，喪失其收入，而導致貧窮的發生。

(2)最低收入保障的原則:

社會保險旨在提供最低收入保障，以對抗特定風險事故損失，傳統上認為個人應為自己的經濟不安全負大部分責任，但對最低收入保障難有明確界定。

二、社會保險承保範圍

(1)老年、失能、遺屬等年金保險(年金或一次金給付)
(2)健康保險(又稱醫療保險或疾病保險)
(3)職業災害保險
(4)失業保險

勞保、健保、公保、農保、漁保、國保、學保皆屬於此範圍。

勞保制度為誰存在?

把社會保險中各種保險以投保人數作為比較基準，會發現健保為第一順位，接著是勞工保險。以勞工保險加保資格而言，本質上是「在職保險」，其對象為實際工作獲得報酬之勞工，依被保險人是否有工作能力來認定其加保資格，與人身保險中依被保險人的身體狀況做為承保條件是不同的！

而現況勞保制度無法落實照勞工，主要有以下幾個重要之原因：

(1)不知道保額。

(2)沒有保單:有條款但要自己去找，且含實施細則共1千多條法條。

(3)無專人服務:勞保被保險人超過1千萬人，投保單位約55萬家，而投保單位九成以上都是由非專業性的公司會計、助理所承辦，在勞保相關法令上千條，每年有超過 70 萬件理賠，由勞保局僅千餘人承辦服務(現在又大多是約聘人員)，且文件程序繁瑣制式化，使得大部分人雖盡了投保義務，卻沒有得到應有的權利。

社會保險是以國民收入再分配形式並通過一定的制度實現的。我們將由法律規定的、按照某種確定規則經常實施的社會保障政策和措施體系稱之為社會保障制度。在不同的國家和不同的歷史時期，社會保障制度的具體內容不盡一致，但有一點是共同的，那就是為滿足社會成員的多層次需要，相應安排多層次的保障項目。

社會保險的重點並不在於有多便宜或是多好的內容，而是妳不能不投保。而既然錢都一定要繳了，要不要懂？如果不想花時間去瞭解，那是否會讓應有權益受到損害？『知道』勞保條例，與『做好』申請給付的每一步驟，兩者是有差異的。但如果連基本的『知道』都不知道，那就不用談如何『做好』申請給付了！

1-3

是社會制度還是金融？為何重保險而輕理賠？

全民保險的環境

社會福利的政策目標是為了希望能夠達到普及保障社會上的每一個人，方法其實就是透過保險制度，本由國家替全國的人民投保，但是這種保險內容的要保人和被保險人並不是所有民眾自己主動成立，由於保險當事人並非成立契約的當事人，人民所受的保障是被動賦予的，因此大多數的民眾其實並沒有真正完全知道自己所擁有的權益。

而當保險事故發生，有理賠權益產生之時，大多數的民眾其實根本是完全不知情的。

保險本就是一種風險控管，買保險最重要的就是發生事故時能夠得到合理的賠償，尤其遇到事情時總讓人手忙腳亂的，如果因為不懂處理程序，發生事故時卻無法理賠，對一個發生事故的家庭來說，等於是雪上加霜，也有可能因為沒有得到應有的權益而喪失了治療的權利，讓一個家庭遭受重大變故。

而一般的保險從業人員，所學的專業幾乎都是保險招攬，對於理賠的專業幾乎不瞭解，更何況一般消費民眾？

保險學科隸屬於重商金融的學制

台灣就保險這個項目的產業在整個社會結構之中

所扮演的角色，我們可以從教育學制的人才培育上，依照學科的分類別就可看出一些端倪，在大專院校的系所分類之中，相關於保險的教育知識學程，若是要由教育學制之中學習，唸的是所謂的「銀保科」（屬於高中職）或是「金融保險系」（大專院校），都隸屬於商學院的科系，而非像是「社會工作系」隸屬於社會科學學院的領域。

從國人基礎的教育，就把保險的啟蒙落在商業的教育領域之中，可想而知，所培育發展出的保險價值意義就不會是考量社會扶助為主的方向。

由於相關保險專業人員的啟蒙，從學生時代的培育養成就是以商業競爭的能力為導向，著重的自然會是以保險企業的經營管理為主，然後隨著教育培養出的保險專才，大多也都是步入金融商業的職場領域，不論在銀行或是保險的體系，在相關財務風險與獲利的競爭職場生態之中要能夠成為精英，無不是在保險的商品和獲利的精算之中去開發鑽研，因此社會大眾對於保險的認知也會以人身商業保險或是產物保險的資訊為大宗。

一般人對於保險的認知觀念也都習慣於著重多少的保障，可是對於理賠的環節，有什麼要件和時機、時效的問題，卻反而是不瞭解、不認識！

是什麼造成社會大眾對於保險的認知觀念像是儲蓄一般的預防保障？

原因也係因為保險的管理制度，儼然都是由商業金融的主管機關管轄，而不是由政府的社會部門去主管配合民眾發生保險事故時，所需應受理賠和社會扶助相關實際的行政業務和協助。

面對現況制度所造成的現實環境，我們必須要調整以往對於保險觀念的認知，不是預防保全，而是事故的理賠。

保險的真義在理賠，而不是在預防保全

對於風險而言，如果已經做好萬全的預防措施，只要沒有發生意外，即使沒有保險，也不會有任何損失發生，那麼有沒有保險根本就不是問題。

因為風險一旦沒有發生，預防風險的保全根本啟動不了任何作用。

有或沒有保險，都不代表一定會有事或沒事，沒買保險只要沒有出事也就沒事，可是一旦擁有保險，萬一出事，就是關於「理賠」的事。

理賠是一種彌補損失，如果原本就承擔得起發生的損失，即使風險意外發生，沒有保險也能自己承擔損失。

所以保險是不是一定「必要」？

就好比如果你是一家醫院的院長，醫院又是你自己開的，那麼對你而言，「醫療險」這個項目，你還需要去買它嗎？答案是「沒必要」！

所以保險的重點不在於有或沒有？保險的真義在於你如果擁有保險，當風險事故真的發生時，你要怎麼樣去啟動保險的「理賠」這件事情。

重點是你既然有了保險，你要怎麼去用？

因為大家都有全民健保，所以一旦自己知道生病就拿著健保卡去醫院掛號使用，可是其他不同的保險我們究竟知不知道要怎麼運用？

1-4

沒人懂的理賠你會辦嗎？理賠代辦的產業問題和爭議

除了健保之外，我們的勞工保險，也算是全民最最普及的一項社會保險，我們有這麼完善普及的勞工保障與保險制度，可是我們的內政部或是勞保局似乎反而像是怕人知道似的，當勞工發生職災傷害，則是當事人或是投保單位（雇主）必須要自行主動申請理賠的事宜，可是到底應該怎麼辦理？

現實狀況，常常在理賠退件的案件中，有許多只是瑕疵或是程序上的問題，然而保險單位可能只會告訴民眾說：「你這個診斷證明沒有辦法理賠。」但只是因為診斷證明上面的字眼所以不能夠理賠，民眾怎麼會知道？

醫生不是學保險的

保險理賠有一定的認定條件，但是因為是一種契約明定的內容，像是許多醫療方面的傷病或殘障失能等等出險所要認定的條件，要怎麼跟醫生溝通開立診斷書呢？而勞保的失能理賠有一個標準表，我們一般在醫院所開立的診斷證明會出現這些字眼嗎？

可是醫生畢竟都不是學保險的，他怎麼會知道在開立診斷證明的時候，要開立這些字眼，才能夠讓保戶順利的得到理賠？

醫生不太可能會去寫這麼符合法律契約條件要求的字眼，如果保險公司因為文字條件上的瑕疵而讓原本應得理賠的保險當事人無法獲得理賠，那麼民眾的權益會不會喪失？

醫生本身最大的能力是在於治療病患，他不是在於開診斷證明，因為醫生並沒有去保險公司受過訓，他怎麼知道保險理賠的申請需要開什麼樣的字眼？

從保險契約文字上的規則來看保險理賠的生態體制，可想而知有多少社會大眾原本應受賠而未受賠的權益就這樣不見了，這樣的制度有真正做到社會保險扶助的責任嗎？

再看健保制度的生態其實也有很多的治療都是資源的浪費，很多的病症他就是明確的，但是醫院為了賺這個點數，就不斷的讓病人不斷的回診，不放棄的治療，造成了我們健保大量的虧損。

而因健保大量虧損之後，在健保資源不夠的時候，為了降低減少賠付的支出，勞保局會給醫院壓力，要求醫院在開診斷證明的時候，務必請醫生開立診斷證明都必須要“斟酌、謹慎、小心”。

我覺得合理的開出適當的體況，謹慎小心是應該的，但是不能夠明確下達指令，教醫院不得開立勞保失能診斷證明書。

理賠申辦不等於投保

倘若你去過勞保局的現場就會知道，每天在座椅上抽號碼牌等待辦理投保、退保、加保、理賠……的民眾多到人滿為患。雖然勞保局宣導親自辦理業務很簡單，依照他們所宣導的口號就能得到很好的服務，那麼大家應該會覺得，只要有勞保理賠的事宜那就直接去勞保局辦理就行了！但是以一個勞保局的編制一千多人要面對一千多萬的勞保保戶，等於一個人要面對一萬個人，你覺得他的服務能夠到位嗎？

◎ 以下會是現場上演的情節：

一般民眾到勞保局申請理賠，它只給你一張申請書，但是裡面怎麼寫？

雖然旁邊有志工，但是你問了3個志工，可能會得到4個不同的答案！

因為志工本身他也不專業，他只懂得拿給你申請項目的表格而已。

當送件之後，好不容易全部都搞定了，但是其中一個流程錯誤，需要補件。

補件的程序只有一個流程錯了被退件，但為什麼被退件？

可能只是一個勾選項目勾錯了。

但是勞保局並不會打電話來跟你說：「你這個文件哪裡沒勾好，只會重新勾好就好了。」

民眾只會想說:「啊！被退件了。」唉呀！辦不過、太麻煩了、不要辦了。

很多理賠的案件，到這樣之後就不了了之了，可是你想勞保局事後會主動去追嗎？於是民眾應受的權益就這樣不見了。

第二篇

健全社會企業制度

2-1

理賠不是補助！建全社會福利應重視保險理賠的扶助與協助

所謂「破窗效應」理論，是一種犯罪心理學理論，說明一個城市對於環境消極管理的可見跡象，將會創造一個社會環境的混亂，而鼓勵進一步的犯罪，進而導致犯罪率的增加。在維基的一段說明中以一幢有少許破窗的建築為例，如果那些窗沒修理好，可能將會有破壞者破壞更多的窗戶。最終他們甚至會闖入建築內，如果發現無人居住，也許就在那裡佔領、定居或者縱火。又或想像一條人行道有些許紙屑，如果無人清理，不久後就會有更多垃圾，最終人們會視為理所當然地將垃圾順手丟棄在地上。

認知破窗制度下的理賠亂象

從相同的道理來看臺灣對於理賠代理產業的規範態度，由於一直以來沒有明文規範與管理的制度，導致許多模糊不清的界線讓一部分的人遊走在制度邊緣，使得保險理賠這項業務也猶如發生「破窗效應」一般，進而滋生了一些不肖的業務「黃牛」，藉由法律內容以及制度漏洞上的操弄，而從事一些保險詐騙，甚至衍生出更嚴重道德上的問題，造成社會亂象而嚴重誤導社會視聽。

於是像是一些勞保理賠關係到保險當事人和雇主權益的申請案件，或是一般保險公司的理賠，勞保局或是一般保險公司都會跟雇主或是當事人說你不要去找代辦。而以保險公司的商業立場，道理也很簡單，你找了代辦公司出面，在權益爭取效益最大化之下，保險公司要賠的部分，金額就會比較高。所以會跟雇主和保險當事人說不要去找其他代辦理賠的專業人士，甚至會以負面抨擊，說這些代辦業者是「勞保黃牛」，恐嚇威脅他們如果找那些「勞保黃牛」來，我就不賠給你了。

所以在業界有很多這樣子的恐嚇跟不當的傳言，也是對於保險理賠、勞工、勞資之間的問題沒有辦法正常化的一個現況。

為什麼需要理賠代辦制度？

一個普通家庭如何處理好專業的保險理賠問題？

專業的理賠處理包括：調查取證、收集、整理並審核查勘定損資料。接到查勘定損通知後，組織客戶及有關人員，現場調查取證，核定保險事故的損失接見客戶，檢查確定財權利的有效性，查找員警和醫院記錄，確定責任檢查索賠形式和其他記錄確定承保範圍，對職責範圍內所有理賠案、計算理賠案的傷害程度進行賠款理算，向客戶及代理人合理地解釋理賠結論，處理客戶反饋的有關查勘定損意見和理賠意見，理賠文件整理歸檔、建立、維護理賠業務資料庫和客戶保險檔案，分析客戶風險分飾狀況，提出風險管理對策，確保理賠資訊數據的真實準確，研究理賠有關政策、管理制度和實務流程，提出擬定以及修改意見，不斷提高賠付的質量和效率。

當然保險也是一種契約行為，在保險權益的爭取上，律師雖然非常專業，但是對一個遭遇變故的家庭來說，龐大的醫療費用再加上律師費，根本是無法負荷的壓力，而且律師的專業是出庭打官司，而訴訟的重點關鍵在蒐證，一般民眾連基礎的法律常識都不足，怎麼有能力蒐證呢?

也因此幾乎所有社會保險的制度下，雖然設有專責機關單位的業務，但是真正在協助辦理的服務上往往形同虛設，比方像是「勞保」，隸屬於勞動部勞工保險局接受辦理職業災害失能給付的制式診斷書上，特別還印列了注意警語說明「申請勞保現金給付，本局及投保單位均不收取任何費用，請自行向投保單位辦理，以免委託他人代辦被抽取傭金」，可是民眾單要申請診斷取得符合事由事項的理賠原因條件證明，沒有熟悉專業的人員協助，該要如何知道？又該如何瞭解申請的程序方法？你不找熟悉有經驗的人帶你去敲門根本是不得其門而入，於是總令人感到懷疑是不是連門都沒有！

所以如果僅僅是一句「可以自己辦，很簡單!」那為何從開辦勞保與核准銷售保單，至今區公所或是勞工局還有很多等著排隊要申請調解、理賠，甚至告上法院等著判決、向金管會申請評議的案件？

待產中的理賠代辦專業證照制度

雖然保險理賠代辦的這項產業目前尚未立法步入「證照」制度，但並不代表市場沒有這方面業務的需求和服務，只不過在還沒有明定立法這項產業的規範和專業認證執照制度實施之前，在民眾真正需要保險理賠代辦服務時，不同代辦人士收取的費用沒有一定的依據。

這也讓實際從事這項保險理賠業務的不同業者，在諮詢費、車馬費、郵電費、雜支……以及在理賠金的抽取成數等等費用和利潤上的收取衍生許多爭議，有些業者甚至在保險人不管有沒有得到理賠的結果之前，就必須要先繳付一筆業務費用，並且從中興立許多各式各樣收費的名目，在市場中成為了一種亂象。

因為沒有正式的規範，我們的專業服務沒有受到保障，面對社福保險機關以及不肖業者的惡性競爭和無端抹黑我們的理賠代辦，使我們經常遭受到不正常的異樣眼光，業務自然的信任取得不易。

但因為沒有明文的規範，反而我們「明健」的服務是從來不跟客戶收取任何一毛上述這些行政費、交通費等等這些雜支費用的。

在現行沒有專照制度之下，民眾實際尋求協助服務的過程，所有行政及業務的費用支出，我們就依循正常顧問服務的原則，我們堅持只收取理賠代辦金的範圍，這樣的原則就是辦好事才拿錢，所以就是一種承諾，必須要把客戶委託的事情辦到好，我們才會收費。

許多的同仁都有感說：「如果正常有了規範制度，也就會有公平的收費制度，這樣我們就能像律師、會計師，也能夠像土地登記人（代書）、不動產經紀人一樣，可以明確收取書狀費、簽證費……等等名目的代辦費。」

而在還沒有規費公平制度定價的現實市場之中，我們從事這個領域業界人士的心聲，其實對於專照制度的施行是非常引頸期盼的。所盼望的不僅是在專業服務的品質與競爭上有更好的保障，同時也是希望藉以讓社會大眾能夠對於我們服務專業的認同上更多一份的敬重！

2-2

各國保險理賠的專業代理實行

目前台灣尚未對於保險的理賠代理業務納為專業代理人的證照制度，依現行法規，保險理賠代理業務之法律執行規範，乃依據以下各種法律明定規範：

1、社會保險代理人是依據憲法第 15 條：人民之工作權應予保障。

2、依民法第 528 委任之規定，一方受他方委託處理事務的契約的關係。

3、依民法第 547 應給與報酬之規定，受任人得請求報酬。

4、依行政程式法第 24 之規定當事人得委任代理人。

5、依訴願法第 32 條之規定訴願人或加人得委任代理人進行訴願。

6、依行政訴訟法第 49 條之規定當事人得委任代理人為訴訟行為。

7、行政院金融監督管理委員會於 2007/12/13 通過保險經紀人除洽訂保險契約外，得提供保險理賠申請服務。

鄰近各國保險理賠專業制度之比較

有關理賠代理人專照立法，日本早於民國 57 年立法，在韓國早於民國 75 年立法實施，連中國大陸也已經在民國 93 年完成立法，成立『勞動保障協理員』，而台灣可嘆的是勞委會歷經民國 80 年、88 年、89 年三次通過行政院(甚至立法院一讀通過)，卻未能完成。

在日本，從事於保險理賠代辦的從業人員叫做『社會保險勞務士』，他們在大都市、小鄉鎮等各地認真的為社會服務，他們不僅受到社會的敬重，也為自己創造良好優沃的收入。

在台灣我們有所謂的『社會保險服務專業代理人』，是在民國 84 年由中華民國社會保險服務協會正式頒發證書給一百多位經過社會保險服務專業考試及格人員，進入社會為大眾服務。

日本早在 1969 年便制定勞務士法，由政府舉辦社會保險專業代理人的考試，經過考試及格的人便取得一張證書(勞務士證書)，可以為日本的被保險人服務，成為社會保險(健保、勞保等)與被保險人之間的橋，幫助被保險人可以得到完善的理賠服務。

正是因為日本政府看到許多家庭無法處理好繁雜又細膩的法律與理賠問題，才會很早就規劃出社會保險勞務士國家考試(社會保険労務士試公式サイト)的制度，積極協助家庭回歸正常生活。

看看日本、韓國、中國大陸……很多我們鄰近的國家在理賠代辦協助的這項專業都已經明訂了制度與法規，其實也就像是土地登記需要代書、房屋仲介需要不動產經紀人，商業和司法需要會計師、律師等等的專業證照，在各領域產業從事專業代理人的業務，去協助民眾處理相關的業務，而理賠這個範疇，我們台灣的腳步卻仍然是停滯不前。

從負面看這似乎代表我們在理賠產業這個區塊的落後或忽視，但從正面來看又是一個極富潛力發展的未來契機。

2-3

保險理賠產業的未來商機

現在社會環境大幅度改變，科技的進步，網路的發達，造就了實體店面的萎縮，電商的蓬勃發展，現在政府再通過網路投保，保險公司為降低成本，將大幅度減少業務人員，將來勢必可見理賠爭議會越來越多！而理賠代理人的存在價值將會越來越高，市場需求越來越大。

保險市場成熟普及的量能潛力

全台灣的投保率大概 200%左右，也就是說每一個人平均有二張保單，這是商業保險的保單，再依據中華民國統計資訊網統計，至民國 109 年止，有 1000 萬以上的勞工保險、100 萬以上的農民保險、26 萬漁民保險、40 萬公務人員保險、1700 萬汽機車強制險、320 萬國保、學生保險……等等，這麼多的保險都需要專業人員的服務。

社會保險是一種十分專業的法律契約，一切的保險權益均源自各項法律的詳細規定，而這些規定又是十分繁瑣，辦理各項給付所需具備的檔案表格各不相同，加上保險公司經辦人員過度的需求，當事人並不容易瞭解，更不知該從何辨起。

而我國的社會保險已經實施了數十年，直到社會保險理賠糾紛不斷，民國 80 年 10 月由當時立法委員謝深山先生提出立法院一讀通過勞保條例修正草案第十條即設立勞工保險專業代理人制度，才開始受到關注，可惜卻一直延宕至今。台灣許許多多的家庭，仍然需要更多有志之士伸出援手協助度過人生的關卡。

理賠教育的專業人才培育

我們公司自民國 92 年成立至今，已累積非常完整而寶貴的專業資訊，很多以前的同業都冒名進來說要上班，其實目的都是為了要竊取我們的檔案，因為只有我們有完整的教育資訊，我們給業務編製有完整的業務手冊和教材，我們有完整的教育模式。

在我投入理賠產業之初，對於培育人才的教育訓練就有非常重大的信念，與同業之間最大的不同點，就是在於「傳承」。因為有非常多的知識和經驗，不論花多少金錢，是買不到的。

和以前房仲產業的不同，以前的朋友看我無私把這麼多業務和專業的知識交給別人，總說：「這些都是你賺錢的能力，你把這些能力教會別人，別人不就變成你的競爭對手，回頭來可能會跟你搶生意嗎？」

我都很堅定的回答：「如果不教，我就不做了！」

我在公司每天的早會，都會花 15 分鐘，用一點點的時間，讓員工慢慢地累積知識以及觀念，就是每天一點點一點點，把這些很多人在外面學不到的東西教給他們。

不單只是員工，我也會舉辦相關的專業課程分享給業界的人，甚至有人來上課之後，聽完了我的課程竟然大拍桌子！

我非常訝異想說：「是我講不好嗎？」

結果學員才回應說：「這個你怎麼不早點講，我就不用多花一百萬了！」

原來許多我自身吸取到的專業知識和經驗，在其他人身上是要花費不小的金錢數字才能獲得的。也的確一般大眾在社會上有許多法律和專業的層面是接觸不到的，當他們在尋求專業協助的時候，所願意負擔的知識代價，也是極大的一塊知識商機。在保險的產業這一塊，如何銷售保單商品的教育培訓市場有多龐大，未來理賠的教育培訓需求也就相對有多麼大！

因為我相信教育傳遞資訊，好的素材和工具是很重要的，所以如今我也希望透過出版，首先、是與社會大眾呼籲，必須要認知「合法」的重要性；第二、是要讓大眾知道有合法的管道，可以合理、合法的爭取自己的理賠權益，民眾也要有智慧去選擇專業守法的公司。

如果社會大眾都能擁有正確的理賠知識，能夠自己懂得如何爭取理賠的權益，那麼在保險事故發生時，就能夠懂得維護自身最大的權益，也才能夠有效發揮保險真正的價值。

第三篇

品牌與服務

3-1

濟弱扶傾的社會企業精神

在一次生了一場重病之後，因自己的親身經歷，才發現保險理賠申請的手續和管道，並不是有利於患者的，看到我們社會保險好像已經非常普及健全，但是保險的資源並沒有發揮它最有效的功能，於是便調整了我生涯方向。

我意識到我的工作應該是要投入到更具意義且能夠助人的領域，並且希望在工作之餘還能夠多陪伴自己的家人，珍惜當下，才轉而投身在理賠申請顧問的行業。

我個人因為曾經從事過多年的房地產仲介，知道買賣房屋這件事件，由於對於一般民眾並不會是日常性事務，能夠駕輕就熟自理，而就大部分的人來說，保險這件事情也是一樣的！買賣房子都需要代書了，保險的理賠為什麼不能有代辦？

由於買賣房子並不是我們生活之中天天會發生的事情，因此在買賣房子的時候，除了房屋仲介的銷售服務之外，在過戶的時候，因為需要向政府機關做書面登記，在登記程序上的公務程序，不是每個人都能夠輕鬆瞭解各方面的稅務申報等問題。

同樣的，一般民眾的保險事故發生機率，也不可能是天天有，可是一旦發生保險事故的時候，往往是突發的，第一時間就是要做緊急處置，根本不可能會想到要申請保險理賠，往往在兵荒馬亂之中把原本正常的生活搞得焦頭爛額，而不知所措。

即使事後知道或有保險理賠的情形，卻不知道理賠的程序該找誰申辦？不知該如何去爭取？

事實上在保險事故發生的當下，往往是最需要幫助的時候，保險理賠金原就是最好的一種救急，甚至是救命錢。許多人卻不知道這方面的權益，甚至還要到處去借錢，迫於無奈最後找到地下錢莊去應急，讓自己陷入更悲慘的情境，甚至搞到傾家蕩產。

因此在保險理賠這個領域，如果沒有所謂的專業人士去幫忙，並且提供這方面的社會教育，這些因為保險事故而帶來的悲劇，可能造成社會成本的損失更是難以算計的。

3-2 合法與道德並重的理念

「杜絕非法最好的方式，
就是讓所有的人都知道合法在哪裡。」

暢通合法的管道，才能夠真正的杜絕非法，因為你去打擊它是無效的，就像德雷莎修女說的:「妳想要世界和平，你必要告訴他們怎麼樣去維護和平，你必需讓大家知道和平的好處，而不是反對戰爭。」

合法理賠代辦的公司企業

然而合法的理賠代辦產業哪兒找？

就像在前一篇所提到專照制度還未上路的市場環境現況，這個產業有許多不合法、不合理的漫天要價服務，明顯就是斜門歪道。

此外業界也有一些雖是按照合法的程序在走，但是它並不報稅，以顧問公司的名義申請項目，沒有理賠代辦，那他怎麼可以做這方面的區塊，怎麼開立發票？試問公司的營業項目沒有代辦理賠，要怎麼去做代辦理賠？他們沒有這個營業項目、沒有辦法開立發票，又怎麼有辦法跟國稅局去申請開這個營業項目的發票？

而我們公司依法營業登記，又有代辦保險理賠明確的營業項目，我們只要有收費，就必須要開發票，我們發票開立出來的項目就是「代辦理賠保險服務手續費」。且我們公司全台有 18 個縣市的分支營業處，大部分的營業處所就開在勞保局的對面，正大光明接受業務承辦的服務，又怎麼可能會去做違法的經營呢？

為了導正視聽，既然現行沒有服務行政規費的辦法，我們「明健」依循的服務原則，就堅持只收取理賠代辦金的範圍，這樣的原則就是辦好事才拿錢，所以就是一種承諾，必須要把客戶委託的事情辦到好，我們才會收費。

推行公益與服務的社會企業

明健整個的平臺規劃，還有一個重要的項目，就是必須要成立協會，因為我知道一個企業要能夠走的長久，不可能永遠就只靠一個營利單位，一定要有一些非營利單位，才能夠加分！

根據台灣社會企業創新創業學會的定義，將「社會企業」視為一種可以同時具備社會關懷與獲利能力的公司形態組織。而其特色是一般應盡的社會關懷責任，轉換或發展成為能夠永續經營的商業行為公司。

● 中華民國明健慈善公益協進會

因此我們除了經營各種保險理賠代辦業務的公司組織之外，也不遺餘力將公司轉型為社會企業，盈餘固定百分比配給投入社會慈善公益活動中，早在民國96年就創立了「中華民國明健慈善公益協進會」，主要宗旨是希望以協進會的團隊力量創造智慧財產，集結更多社會人士的愛心，協助弱勢同胞得到政府的補助和協進會的愛心關懷。

創會的主要的任務為：一、定時對受助戶做持續之訪視及追蹤關懷。二、對於低收入戶之身障者或發生緊急受難者給予生活救助。三、意外傷害、車禍協助心靈輔導。四、參與各慈善公益活動及給予協助。透過協會的發起，讓台灣大愛的精神持續延伸。

● 社團法人中華勞務人員專業職能發展協會

106 年 7 月，我們又成立以勞工扶助的「社團法人中華勞務人員專業職能發展協會」，關懷的領域就是專注於處理勞工各式各樣的問題。

這個協會有一個志工隊叫做「愛與關懷志工團隊」，已成為直屬「高雄市勞工局職業重建科」非常重要任務團隊，主要在辦理勞工的職業災害以及一些急難救助，同時進行善知識之普及教育，培養優秀人才投入社會保險理賠代理人之行業。

因為長期關注於勞資方面的各種問題，我覺得勞資發生緊張關係的時刻，其實不只是發生職災理賠以及扶助急難時所需要的協助與救助而已，整個職場生態人與人之間的關係議體還蠻大的，在撇開職業上的嚴肅部分，它也有很重要的人際關係，很多情況沒有處理好反而會造成一些社會衝突和紛爭。

明健的角色在職場生態之中所處立場也是站在勞方與資方之間彼此溝通的中間橋樑角色，其實也是在為兩方利益去做彼此的溝通、彌平紛爭，說做一個中間人的角色有很多的智慧不僅僅是在於保險理賠的層面，也如同像是仲介和仲裁的角色。

不只是在職場上，人與人之間為什麼會產生不信任，在不信任之間的衝突，如果能夠得到雙方滿意的溝通，最後獲得完美的結果，衝突之後如果可以得到解決也能產生圓滿結果。

職災扶助與勞資合諧的溝通橋樑

明健做的工作很特殊，因為是全省唯一拿有政府立案登記，可以代辦理賠保險的一家公司，除了理賠之外也會辦理員工與公司在職場上協調的一個溝通，比方公司和員工之間有衝突的時候，公司可以擔任協調，實際業務的部分就看是勞工委任或是雇主委任，如果是雇主委任，就相當於我們是當它的企業顧問，在員工有任何問題的時候，我們是當他的協調者，包括會幫公司企業做工作規則、勞動契約，甚至是開勞資會議……這些都是在我們的服務範圍內。

然後還包括代位代請社會保險的理賠，因為實際上當有員工發生職災事件，雖然公司買了很多的保險，但是講難聽的是公司也只會聽保險公司說這種職災的狀況可以理賠多少？可是事實上到底權益多還是少？其實雇主本身都不懂，假設一個職災我們判定保險公司合理的賠償應該是 40 萬，可是大概保險公司自己估算出來理賠的實際金額大概只有 10 萬到 12 萬之間。

可是雇主也是只一個投保的單位，以他們的專業知識，他們並不懂真正合理的賠償是多少？但是以員工的立場，他會想：「我發生這樣子的職災，你怎麼只賠這麼少？」他們覺得不合理，於是就會跟雇主起衝突。

雇主如果聰明的話，他會委任我們幫他們代申請職災理賠的大小事，因為，第一、雇主沒有壓力；第二、勞工會很滿意。如此，雇主可以賠付得了員工比較能夠接受的金額，那就不會有衝突，與員工發生勞資的問題。

於是自然有非常多的雇主會委任我們，因為他們要的是一個合法合理的理賠金額，為了照顧他的員工，勞工也會委任我們。

當然做為一個代辦理賠保險的公司，以公司的立場來說，我們會收取服務費，但是我們所收的服務費，不會像是其他一些勞保黃牛，他會有升降梯，如果理賠的難度有困難，就收取比較高，或者會有一大堆莫名其妙的名目跟你亂收錢。

明健是合法的公司，就會把服務的遊戲規則訂好，因為彼此之間有雙向的契約，我們接受委任的業務，要為客戶代辦理賠保險業務的規範：

第一、與客戶會打一個雙務契約。

第二、合約也會載明收費方式。

第三、絕對不會中途收取額外費用或增加任何的名目。

第四、如果沒有爭取到合約所載明的項目理培，絕對不會跟你額外收取半毛錢，中間所有的服務費、車馬費……通通半毛錢都不收。

3-3

重建與重生的價值回饋

大多數的人在突然遭逢事故，面臨事件打擊之後，不僅僅是當事人自己，就連他的整個家庭氣氛都會變得很糟糕，可能相處之間都有很多的那種負面或是沮喪埋怨等等的。

能否在保險中爭取到理賠？差一筆理賠金的結果真的就差很多了！

理賠金的價值能夠把整個不好負面的氣氛都掃除掉的意義，是非常重要的，因為照顧家裡頭有病痛或受傷的家人，其實照顧者的身心壓力更是辛苦勞累，更何況還有經濟上的問題。如果照顧者支持不下去的話，這個家就會掉入非常不好的狀態！

通常我們所爭取的這個理賠金是會改變客戶後來的生活，除了第一時間拿到這種理賠金是可立即「救當下」，第二個部分是這一筆錢還可以讓他恢復以前的能力，可以早點重新站起來。

重建個人價值的尊嚴更甚於金錢

或許保險事故所造成的傷害保險金不能彌補當事人的全部，但是能有一筆實際的金錢支助，當他可以恢復八成，他仍然可以重新再去工作，不必再靠別人或者是其他社會的救濟，這是重建一個人的尊嚴。

偶爾我們會去探訪過去的客戶，有一次令我印象深刻的經驗，是其中有一個客戶跟我回饋說他已經找到了工作，當我聽到因為職災導致身障的客戶已經無法從事原本他所能夠勝任的工作，但是又能重返職場找到新工作，總是覺得開心。而更令我能為他們感到心慰，同是也是驕傲的是，客戶可以重回社會與一般正常的人一樣找回他的自信！

這件事情的可貴，是當他內心覺得，在他新的工作環境，其他人或者同事之間並不會特別對待他，一樣把它當成正常的人，不會認為它是殘疾或者是有需要他人協助幫助的對象時，他自己仍然是一個有能力為社會有所貢獻的正常人。

從這兒我們可以得知，一般大眾對於領有身障手冊的人，對於身障殘疾的人都會有禮讓或者是憐憫之心，但是說實在的，多數這些人還是不希望自己被貼標籤，不希被別人用異樣的眼光對待，他們還是希望能夠被一般的對待，他只希望能夠正常的跟他身邊的人以及家人能夠正常的生活及相處。

對於許多的職災事件，有許多人其實都只是在默默地自己承受著傷痛，連帶更拖累整個家庭陷入困境，然而卻因為資訊的消極，不知道受有理賠的權益，而我們為他們協助爭取到的這一筆錢，就有這樣的一個功用存在。

當我們協助過這些的案子之後，我們才知道這一筆的理賠金它不只是錢，它能夠幫助保險人找回他生活的自信，這個價值絕對遠超過理賠的金錢這個數字。

重啟生命影響力的正面力量

還有一個故事是有一個客戶拿到理賠金之後，不僅把欠的錢還掉，還能夠去買一間小的房子，然後客戶竟然跟我丟了一句話說：「我可以退休了！」

雖然這個理賠金可能只有 100 萬，其實 100 萬並不多，但是對於弱勢的人來講，這個 100 萬他可能要不吃不喝十幾年才賺得到，特別是當他發生意外，遭遇到這個保險事故之後，他的狀況已經不可能再去做任何的工作，不可能再有任何的其他收入來源，所以這個 100 萬是真的改善了他之後的生活。

對於我們來說，那個 100 萬其實不多，我們一般人可能會覺得即使 100 萬損失之後再賺就有，但是對於這個人來說，他已經沒有機會了！

我們幫助他拿到這個錢，可以改善他日後的生活，他可以省著花，而且到了退休的年齡他還可以有一筆退休金，可以再有持續性的收入，還是可以生活得下去。

然後最感動的就是他們受到幫助之後，還能夠再去幫助其他的人，會去主動當志工，那也是客戶後來自己談到他跑到別的地方去做志工，聽到曾經接受過我們幫忙的客戶現才也能主動成為幫助他人的志工，我真的很感到訝異！

當我知道原來他現在也有能力去幫助他人，就知道我們這個理賠金的價值讓他能夠去面對自己的生活，當他再跟其他的人接觸，會樂於把他得到明健幫助的經歷再告訴給其他的人知道。

最特別的是，他自己明明是有身障手冊的人，但是他仍然也還可以去幫助其他的人，甚至給予其他人一些鼓勵和希望，這種「他還可以再去幫助別人」的事實證明，對社會是非常具有正面意義的。

這個理賠金讓他整個人更能夠有動力的去做有意義的事情，反而愈顯得他比以前更健康、更年輕、更快樂……

看到客戶的改變其實是更讓我感動的，這富有深層意義，跟我以前做房仲來說，有著非常大的不同，以前房仲的業務幫助別人找到理想的家庭，僅只是幫助客戶找到更舒適的環境空間。

但是明健的意義，雖然也是在改變一個家庭，但是所承做的理賠代辦意義與影響卻是非常的深遠的，當我們眼見曾被我們協助過的家庭又可以去幫助其他的家庭，看到一個從受創之後復原的家庭又能夠持續的去散發出正念，以面對生活的積極態度去影響周遭的人，甚至去從事志工幫助其他的家庭，那一種善念的傳遞不是我們當初能想像的。

而我才發現，當初單純創立「明健」的初心，默默耕耘出的一切，竟能夠擴展到這樣的無遠弗界，形成這一股強大的正面力量。

第四篇　案例

（做了什麼？）

在理賠的過程當中會有很多法律上的理賠案例，

這些案例的檔案陳述因為都是在處理理賠的程序，

所記載的會是非常多的法律字眼和用語，

因為訴諸於「法」的程序，

少了「情」、「理」的描繪敘述自然看起來就會比較硬，

但是如果把這些法律的元素都抽離掉，

它們呈現的其實真的就是每個家庭所面臨的生活實況

與真實情節，

每一個個案、

每一個當事人與家庭，

在卷案文字的背後，

他們遭逢的事故與困境，

每一件都是非常令人心酸動容的真實感人劇情。

4-1 交通事故理賠案例(1)

當事人及理賠險種:蔡先生-強醫+第三人+強失+壽險三張

一、 事發緣由:

蔡先生,67 歲,高雄人,從事照護服務員。家中成員 3 人,妻子與 1 位女兒;妻子亦為照護服務員,女兒已出社會工作。

民國 108 年 4 月 14 日下午近 6 點時,騎車行經高雄市路竹區中山南路與北嶺二路口,與開車的葉先生發生碰撞,蔡先生無肇事責任。緊急送往義大醫院急診,經醫師緊急診治後,傷勢為:創傷性蜘蛛網膜下腔出血、右中小腦腳出血合併右側肢體張力上升及小腦性顫抖、左側髖關節脫位及股骨頭閉鎖性骨折,及左側第三對腦神經麻痺;於 108 年 4 月 24 日出院持續門診治療。

蔡先生發生車禍後三個月,朋友有認識明健的同仁，將事情告知明健的同仁後，請朋友與蔡先生說明會請明健同仁一起前去探望他，約好時間地點碰面瞭解情況。

碰面後，明健聽完蔡先生說明完後，瞭解蔡先生遇到了困難，蔡先生發生車禍後的傷勢嚴重，都需要輪椅代步，穿衣服、上廁所跟洗澡都須要妻子幫忙，這樣嚴重的傷勢，蔡先生買的新光人壽保險(下稱新光壽險)不予給付，也不清楚可以向對造葉先生請求多少理賠金才好，而對造葉先生更說都已交給他的保險公司新光產物保險(下稱新光產險)，全權處理，自己不再管這件事情了，理賠求償的事情便延宕著，車禍發生時間也快接近半年了，不曉得該怎麼辦才好。

明健同仁對於蔡先生所遇到的困難表示，不用擔心與緊張，並解釋明健理賠處理的方式後，蔡先生經過家人討論後，共同決定將理賠事情交給明健處理。

二、 案件分析：

(一) 協助訴求：

1、 不知與對造求償多少金額

2、 壽險保單沒有賠，不知如何申請

(二) 理賠險種：

1、 強制險醫療給付、失能給付

2、 第三人責任險

3、 勞工保險失能給付

4、 商業保單理賠申請

三、 處理經過：

（一）強制險醫療給付、失能給付

當發生車禍時，明健都會先申請強制險醫療給付，去支付醫院的費用。108 年 7 月底接手後，先將義大醫院的診斷書與醫療收據收齊後，連同警方開立的文件(三聯單)與醫療給付所有的申請書檔送件新光後，在 9 月初就將理賠金申請出來，因家人已有先申請部份醫療給付，後續繼續申請 51，290 元。

強制險失能給付部分，因蔡先生是屬於外傷性，依照規定要治療滿 6 個月後才能提出申請，也須要醫師評估復健後回復的結果如何。明健陪同蔡先生去義大醫院回診復健，從 108 年 8 月陪同回診直到 108 年 12 月 6 日，經過神經外科醫師的評估，開立診斷書，內容為：步態不穩、右上肢顫抖，和頭暈，日常生活需他人協助，需助行器協助行走，持續門診追蹤和復健，因出血性腦傷造成中樞神經病變，目前症狀固定，無法工作。右側肢體因出血性腦傷導致顫抖，無法自理生活。明健收集好申請所需要的檔後，送件新光產險，於 109 年 1 月中核付，並於 109 年 1 月 22 日匯入新台幣 140 萬元到蔡先生的指定帳戶，明健核對蔡先生的存摺確認無誤。

（二）第三人責任險

於申請強制險醫療給付的同時，與對造葉先生加保的新光產險理賠員聯絡後，瞭解保額為新台幣 100 萬元，並於 108 年 9 月 11 日進行第一次調解。

第一次調解結果為不成立，原因為雙方對於理賠金額沒有共識；其次，新光產險理賠人員沒有到場無法決定理賠與否；最後，認為蔡先生當時未達到醫師認定的失能等級，沒有診斷書的依據，所以調解不成立。第二次調解約定在108 年 10 月 2 日。

時間很快地來到第二次調解，108 年 10 月 2 日，新光產險理賠人員到場出席，並表示可認列的部分只有車禍到目前的工作損失與看護費用。初步預估金額為新台幣 89 萬元，實際理賠金額於 10 月 23 日再電話確認。蔡先生的家屬對於調解開出的理賠金額與理由不能理解，於是第二次調解仍未有結果，在車禍滿半年內的最後一天前，108 年 10 月 13 日，提起刑事附帶民事訴訟。

當時蔡先生決定要提告時，明健提前通知新光產險會提刑事附帶民事訴訟，表示是為確保權益而提告，既然雙方對理賠金額亦在接近中，持續電話中談出和解的結果。最後，雖然沒有明確而完善的診斷書判定蔡先生的失能等級，新光產險理賠員明白，蔡先生的傷勢非常嚴重，達到失能等級第三等級的機會非常高，所以仍然同意達成和解，於 108 年 10 月 28 日簽立和解書，並於 11 月 28 日前下款。明健表示希望新光險可以盡快下款，畢竟蔡先生雖然沒有經濟壓力，蔡太太要照顧蔡先生，仍然要支付很多費用，新光產險理賠員也表示會盡力幫忙。終於，感謝新光保險理賠員的協助，在 108 年 11 月 6 日下款新台幣 75 萬元，明健核對蔡先生的存摺金額無誤，之後撤銷所有告訴。

（三）商業保單理賠申請

協助申請蔡先生的新光壽險保單理賠，是明健接觸到蔡先生的開始。因為蔡先生的家人將申請文件送給新光人壽時，收到不給付的公文回覆，讓蔡先生的家人非常不能接受，明明有買保險，卻說不能賠?

明健陪同蔡先生就醫後，知道不是新光壽險不理賠，是因為蔡先生的身體狀況已經符合理賠的等級，而診斷書的內容卻沒有寫到符合保單條款的內容。經過明健陪同蔡先生回診詳細說明後，醫生終於知道蔡先生的家屬要說明的意思，醫生表示針對蔡先生的體況，開立出符合的診斷書，送件新光壽險後，很快地下款，合計新台幣 212 萬元，明健核對蔡先生的存摺確認無誤。

四、 理賠結果：

(一) 強制險(新光產險)：醫療給付 51,290 元、失能給付 140 萬元

(二) 第三人責任險(新光產險)：75 萬元

(三) 壽險(新光人壽)：212 萬元

(四) 合計：4,321,290 元

五、 法條規定：

(一) 強制汽車責任保險法 第 27 條

本保險之給付項目如下：

一、傷害醫療費用給付。

二、失能給付。

三、死亡給付。

前項給付項目之等級、金額及審核等事項之標準，由主管機關會同中央交通主管機關視社會及經濟實際情況定之。

前項標準修正時，於修正生效日後發生之汽車交

通事故，保險人應依修正後之規定辦理保險給付。蔡先生的體況依照強制汽車責任保險給付標準，符合第 3 級，給付 140 萬元。

(二) 刑事訴訟法 第 237 條

告訴乃論之罪，其告訴應自得為告訴之人知悉犯人之時起，於六個月內為之。

得為告訴之人有數人，其一人遲誤期間者，其效力不及於他人。

六、 案件啟示：

蔡先生發生車禍後，家人親自處裡蔡先生的大小事宜。蔡先生也向像許多人一樣，自己有買保單，為什麼送件給保險公司說不賠 ？其實，答案就在保單的條款裡，需要符合的資格、身體狀況、治療時間、醫療檢查、診斷書與申請檔，都說明的很清楚。也因為這樣，密密麻麻的條款，太多人在購買保單的當下好像聽的懂，又好像聽不懂，好像有賠，又好像沒有賠。當發生理賠事故時，出現很多事情必須要自己處理才放心，明健深深瞭解許多家庭面臨到這樣的情況，才會堅持在這份理陪產業上服務大家。理賠專業真正的價值，不是賠了多少錢，是多快賠到錢。當工作造成下半身癱瘓的經濟支柱倒下，在第一年拿到500萬，跟第五年拿到900萬相比，當然900萬較多；不過，要多等四年，試問，一個家庭要如何撐過這四年，借錢過生活，借錢打官司，借錢還房貸(房租)、車貸、學貸、保險費……？更重要的是，經濟支柱身體回復可以工作跟無法回復不能工作相比，就不言而喻了。專業是用在搶時間申請到合法合理下的最大理賠金，才是真正的價值。

七、圖片資料

(一) 三聯單

高雄市政府警察局道路交通事故當事人登記聯單

交通事故處理當事人須知

(二)診斷書

診斷證明書
CERTIFICATE OF DIAGNOSIS

義大醫療財團法人義大醫院
EDAH HOSPITAL

(三)和解書

和解書

(四)商保給付公文

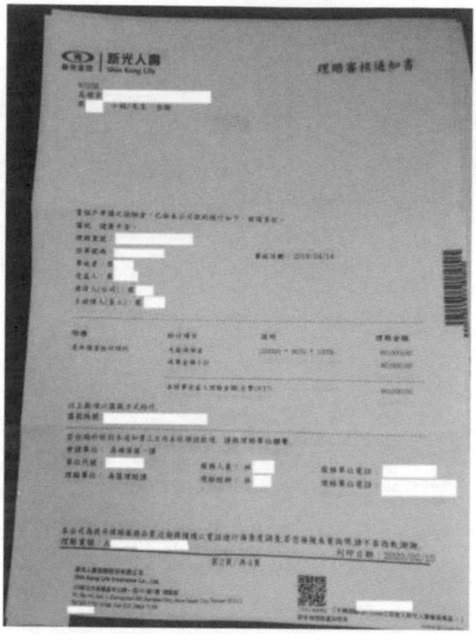

新光人壽 Shin Kong Life

理賠審核通知書

列印日期：2020/02/15

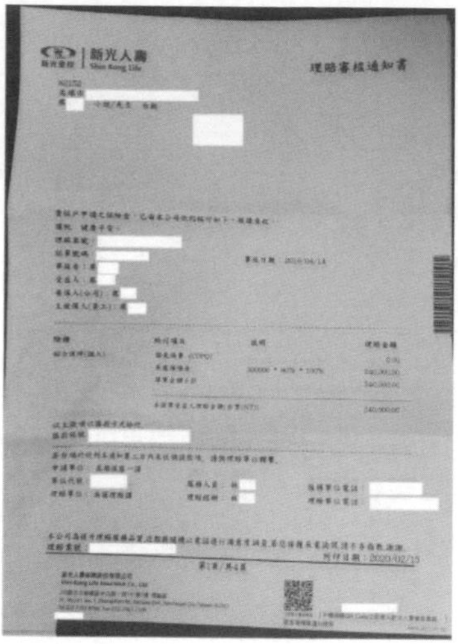

新光人壽 Shin Kong Life

理賠審核通知書

列印日期：2020/02/15

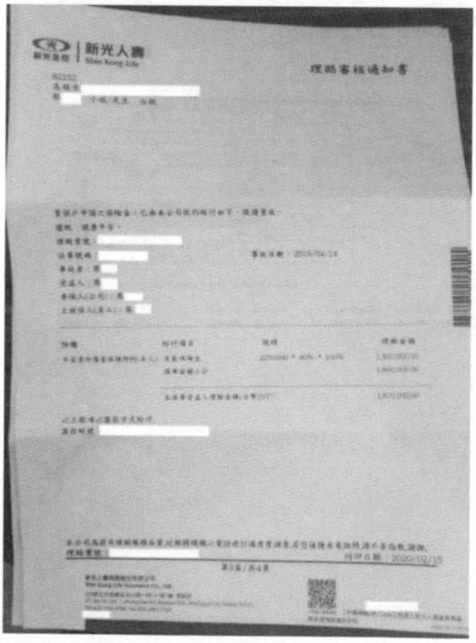

新光人壽 Shin Kong Life

理賠審核通知書

列印日期：2020/02/15

4-2
交通事故理賠案例（2）

當事人及理賠險種：許小姐-左踝失能(勞保+強制+商保)

一、 事發緣由：

許小姐，21 歲，高雄人，單親家庭與母親生活，就學中於餐廳打工。民國 102 年 5 月 25 日星期日放假，下午 3 點多時一人騎車找朋友，途經屏東市和生路段要右轉時，遭遇同時右轉的拖板聯結車壓傷捲入車下(即「內輪差」指大型車輛在轉彎時，前、後輪不會在同一個軌跡行駛，車輛內側前輪行駛的圓半徑較大，後輪行駛的圓半徑較小，此內側前、後輪差距稱為「內輪差」；當車輛越大或越長，內輪差也會越大。因為內側前、後輪轉彎的半徑差異，常是駕駛的視線死角，未察覺兩旁人或車，很容易發生傷亡事故)，立刻送往高雄長庚醫院急診搶救，醫師診斷當時傷勢為：左下肢壓砸傷致左股骨、左脛骨、左足內踝骨折及大面積剝皮性軟組織損傷。當時情況危急，醫生建議左腿整枝截肢，降低搶救風險，並且避免日後許小姐無法面對身體的現況；然而，許媽媽與她本身都不希望截肢，畢竟一個要大學畢業的年輕女孩，沒有了腳，以後要如何面對未來的人生與婚姻，不斷地苦求醫生想盡辦法無論如何保住左腿，醫生也明白，當一個女孩受傷成這樣子，以為人父母的角度都不希望自己的小孩身體有任何的殘缺，醫生也盡責地治療許小姐。

許媽媽透過認識的富邦保險人員協助調解，調解不成後提起訴訟。歷經了兩年多的時間，終於在民國 104 年 11 月 24 日，法院判定肇責全責的司機給付賠償 500 萬元以上。在這兩年當中，許媽媽與女兒一起經歷前前後後 11 次的開刀手術，許媽媽不敢在女兒面前傷心難過，因為許小姐畢竟年輕，禁不起這 11 次手術的折騰，因位疼痛的關係，常常每天睡不到幾小時，無法安穩的休息，加上當時的男朋友也棄她而去，許小姐曾經好幾次向許媽媽哭泣地表示，她以經喪失活下的動力，不想活了；此時許媽媽也忍不住掉下眼淚，緊緊抱著女兒，教她不要有這樣地傻念頭，媽媽會一直陪伴在她身邊不會放棄她，醫生也一直在想辦法治好她的左腿，請她鼓起勇氣一起面對明天的生活。

民國 106 年 5 月中，經過朋友的提起，明健知道了許小姐的事情，派員訪視情況，瞭解許小姐已經走出了受傷的陰霾，有一位疼愛她的男友林先生，一起經營饅頭店。林先生會開著車帶她與她的媽媽一起外出送貨，順便去外面走走；許小姐也經過許媽媽不斷地鼓勵，開始參加歌唱比賽，在臺上大聲唱出自己的心聲與活力，生活慢慢穩定，每天也過著開心與忙碌的生活。

明健瞭解到，許小姐雖然已經在民國 104 年 11 月 24 日，獲得法院判賠 500 萬元以上，仍然有尚未申請的金額，經過說明後，許小姐、許媽媽與林先生便將理賠申請交給明健處理。

二、案件分析：

(一) 協助訴求：

1、 無明確金額，不明白還可以申請什麼理賠。

2、 不得違反法令規定。

(二) 理賠險種：

1、 勞工保險失能補助。

2、 強制險失能補助-富邦產物。

3、 餐廳團體保險-南山產物。

三、 處理經過：

(一) 勞工保險失能補助。

為了要確定有勞工保險失能補助，先向勞保局申請投保明細，查出原來投保單位是打工的餐廳，投保級距也符合當時的薪資，之後與林先生一起經營饅頭店，便加保在餐飲工會中；另外，從事發後就持續地回診、開藥、換藥、、、、等沒有間斷過。長庚醫院整形外科醫師也很不忍心看到許小姐受這樣的煎熬，醫師在經過明健的說明後，便依照許小姐的體況仔細地檢查與測量，診斷目前已持續就診超過 5 年了，情況依舊沒有改善，便開立符合勞保失能等級 7 級的勞保失能診斷書。經過勞保局核付後，公文來函說明：依照月薪 22,000 元，給付普通失能 440 天，理賠 322,652 元。有趣的是，當年協助車禍調解理賠的富邦保險人員有留字條說明的很完整，可以申請失能年金或失能補助金，確沒有申請出來。事實上他認為可以申請，不過有爭議，提出解決點才可以申請，需要另請高明。

其實，就是依照勞保局的規定，請醫師依照實際的體況，開出診斷書，填好文件申請，就會核付。

(二) 強制險失能補助-富邦產物。

在收集醫療收據與強制險給付公文的同時，得知對造的公司強制險是向富邦產物投保，核對存摺的金額後，發現不符合明健調查的等級與理賠金額，便查詢是否有申請的空間。經詢問富邦產物理賠的視窗後，查出 104 年給付的金額為 372,880 元，確定強制險失能給付還有申請空間。向長庚醫院整形外科醫師說明後，仔細地檢查與測量許小姐的體況，開立診斷書後送件富邦產物，經過理賠人員的訪查與詢問後，電話通知核定為 7 級，再補發理賠金 360,000 元

(三) 餐廳團體保險-南山產物。

會得知當時打工的餐廳有為許小姐投保團體意外險，是因為當時在一張破舊的醫療給付公文看

到，打工的餐廳為員工投保的南山產物團體意外險，許小姐有員工編號，透過給付公文的電話詢問理賠窗口，得知保額為 50 萬，沒有申請過失能給付。此時，電話聯絡打工的餐廳時，公司人員回覆員工編號已久，需要查詢，後來真的有查詢到，證實是曾經在該餐廳打工，公司人員表示：因為已經不是餐廳員工，而且離開了 3~4 年之久，現在要申請可能不符合條件，不過，明健將許小姐的情況說明後，公司表示非常同情許小姐的遭遇，願意與南山產物溝通。經過明健再與南山產物溝通後，南山產物表示願意給付失能保險。經醫師開立診斷書後送件申請失能給付，南山產險核定為 7 級，核付理賠金 150,000 元

四、 理賠結果：

(一) 勞工保險失能補助：322,652 元
(二) 強制險失能補助：360,000 元
(三) 餐廳團體保險：150,000 元
(四) 總計：832,652 元

五、法條規定：

(一) 勞工保險條例 第 53 條

被保險人遭遇普通傷害或罹患普通疾病，經治療後，症狀固定，再行治療仍不能期待其治療效果，經保險人自設或特約醫院診斷為永久失能，並符合失能給付標準規定者，得按其平均月投保薪資，依規定之給付標準，請領失能補助費。

前項被保險人或被保險人為身心障礙者權益保障法所定之身心障礙者，經評估為終身無工作能力者，得請領失能年金給付。其給付標準，依被保險人之保險年資計算，每滿一年，發給其平均月投保薪資之百分之一點五五；金額不足新臺幣四千元者，按新臺幣四千元發給。

前項被保險人具有國民年金保險年資者，得依各保險規定分別核計相關之年金給付，並由保險人合併發給，其所需經費由各保險分別支應。

本條例中華民國九十七年七月十七日修正之條文施行前有保險年資者，於符合第二項規定條件時，除依前二項規定請領年金給付外，亦得選擇一次請領失能給付，經保險人核付後，不得變更。

依勞工保險失能給付標準及其附表，以身體失能部位不同計分：精神、神經、眼、耳、鼻、口、胸腹部臟器、軀幹、頭臉頸、皮膚、上肢、下肢等 12 個失能種類、221 個失能項目、15 個失能等級。

本案件為下肢部位，依據醫師開立的內容，符合勞工保險失能給付標準第 7 級，給付日數為 440 日。

平均月投保薪資及平均日投保薪資之計算：現行勞工保險局規定，失能一次金（含職業傷病失能補償一次金）按被保險人發生保險事故（即診斷永久失能日期）之當月起前 6 個月之實際月投保薪資平均計算；平均日投保薪資以平均月投保薪資除以 30 計算之。

若被保險人同時受僱於 2 個以上投保單位者，其普通事故保險給付之月投保薪資得合併計算，不得超過勞工保險投保薪資分級表最高一級。但連續加保未滿 30 日者，不予合併計算。

依勞工保險被保險人投保資料表(明細)顯示，本案件餐廳員工受僱於 1 個投保單位，發生保險事故（即診斷永久失能日期）之當月起前 6 個月投保金額為 22,900 元。

綜合以上，本案件離職員工得請領失能一次金（含普通傷病失能補償一次金），計金額為 322,652 元。

(二) 強制汽車責任保險法第 27 條

本保險之給付項目如下：

一、傷害醫療費用給付。

二、失能給付。

三、死亡給付。

前項給付項目之等級、金額及審核等事項之標準，由主管機關會同中央交通主管機關視社會及經濟實際情況定之。

前項標準修正時，於修正生效日後發生之汽車交通事故，保險人應依修正後之規定辦理保險給付。

許小姐的體況依照強制汽車責任保險給付標準，符合第 7 級，給付 73 萬元，扣除已給付的 372,880 元，補發 360,000 元。

六、 案件啟示：

或許不是每個人都會在許小姐這樣的年紀，經歷過一段令人深刻確不願意遇到的車禍事故。在協助處理理賠的過程中，也發現了許小姐堅強的意志力與勇氣，面對不堪回首的遭遇，依舊坦然的面對。

理賠的服務過程也許很快就結束，不過，生活是每天都要過下去。如何提起勇氣面對明天，這是許小姐自己要去面對的。明健雖然可以透過專業在四年後追出832,652 元，減輕一些許小姐家人的生活負擔，然而這也是許小姐自己與家人的努力與堅持，才能在四年後一個偶然的機會遇見了明健，讓明健替許小姐完整了理賠的權益。

其實，明健感謝許小姐的信任，讓明健可以有機會替許小姐服務，也謝謝許小姐讓明健看見了不放棄生活的信念與行動，許小姐用自己的故事鼓勵身旁的人，不管是認識的、不認識的，這也讓明健相信，不要害怕生活給你的困難與考驗，因為唯有自己不放棄，別人才不會放棄你。

七、圖片資料

(一) 三聯單

道路交通事故當事人登記聯單　　Page 1 of 1

[redacted]

屏東縣政府警察局道路交通事故當事人登記聯單　登記聯單號碼：

發生時間		102年[redacted]		地點	屏東縣屏東市新生里和生路二段155號前 台一線396公里200公尺處東向外側車道	
1	當事人姓名	[redacted]	電話	[redacted]	申請人簽收	
	車牌號碼	[redacted]	備考	A		
2	當事人姓名	[redacted]	電話	[redacted]	申請人簽收	
	車牌號碼	[redacted]	備考	B		
3	當事人姓名	[redacted]	電話	[redacted]	申請人簽收	
	車牌號碼	[redacted]	備考	C		
	當事人姓名		電話		申請人簽收	
	車牌號碼		備考			
填表人	警員[redacted]	主管		處理單位 電話 地址	屏東縣政府警察局 TEL:(08)7533110	

附記：(1)本登記聯單由各申請之當事人收執一份，存根聯一份留存處理單位。
(2)如有需他造當事人其他個人資料(如地址等)，現場請自行協調交換，於備考欄或空白處填寫。
(3)如為主張或維護法律上之權益，而他造當事人拒絕提供資料或無法聯絡者，得向本機關申請提供。

交通事故處理當事人須知

一、因汽車交通事故致體傷、殘廢或死亡者，除單一汽車交通事故之駕駛人，或受害人之故意行為或從事犯罪行為(例如飲酒不能安全駕駛而駕駛汽車)等所致外，受害人或其繼承人均可依法申請保險金或補償金，且手續簡便，無須另支付費用委託他人代辦，詳情可向各地產物保險公司總、分支機構或財團法人汽車交通事故特別補償基金(電話：0800565678)查詢。 為了提供更快、更好的理賠或補償服務，並請被保險人或受害人或其繼承人於事故發生五日內，將事故發生的當事人、時間、地點及經過情形等資料，以書面通知保險公司。

二、當事人或利害關係人可於交通事故現場處理完畢七日後，在辦公時間內前往 交通隊分局(或處理單位)（地址： 、電話：） 查詢事故處理情形，並可申請閱覽或核發道路交通事故現場圖、現場相片；另於事故發生三十日後，申請提供「道路交通事故初步分析研判表」。 申請提供資料所需費用由申請人負擔。

三、車輛損毀或財物損失案件，請自行協調理賠，或向(鄉、鎮、市、區)公所調解委員會申請調解，或向地方法院民事庭訴請審理(民事賠償警察機關不受理、不干涉)。

四、有人員受傷案件，刑事傷害責任部分，被害人得於事故發生後六個月內，主動向肇事地點轄區分局偵查隊或地方法院檢察署提出告訴(得附帶民事訴訟)；民事賠償部分得自行協調理賠，或向(鄉、鎮、市、區)公所調解委員會申請調解，或向地方法院民事庭訴請審理。

五、當事人得於事故發生當日起六個月內逕向高屏澎區車輛行車事故鑑定委員會（地址：高雄市鳳山區武營路361號、電話：(07)7612215)申請鑑定。

六、當事人如為外國僑民，請向屏東縣政府警察局外事課洽辦；軍事車輛肇事請向當地憲兵機關辦理。

(二) 投保紀錄

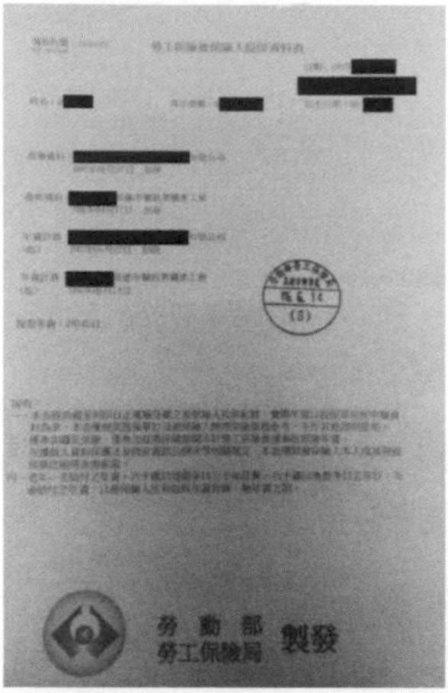

勞動部
勞工保險局 製發

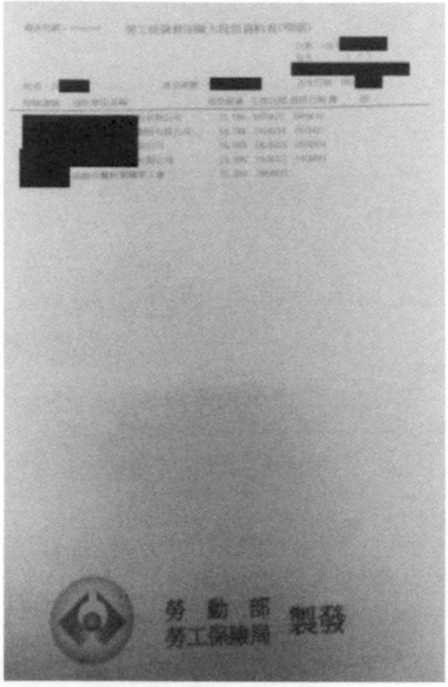

勞動部
勞工保險局 製發

(三) 診斷書

診斷證明書

(四)勞保失能診斷書證明書

勞工保險失能診斷書逕寄勞動部勞工保險局證明書

勞保被保險人姓名：許[redacted]

身分證統一編號：[redacted]

出生日期：民國　年[redacted]

本院據具上述被保險人之失能診斷書逕寄勞動部勞工保險局，特此證明。

醫療院所名稱：

中華民國　年[redacted]

(五)商保給付公文

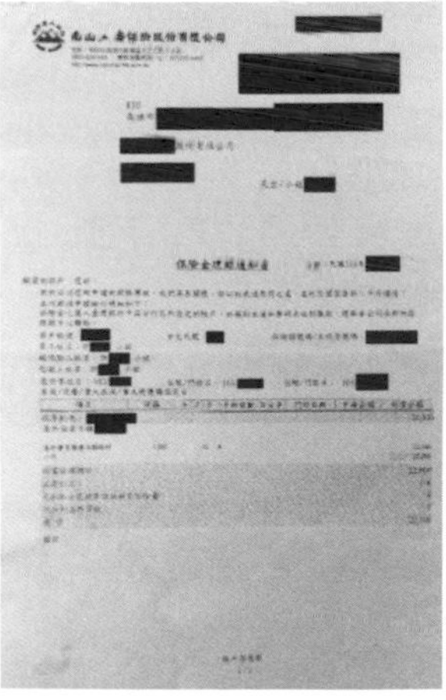

南山人壽保險股份有限公司

[redacted]

保險金理賠通知書

(六)勞保給付公文

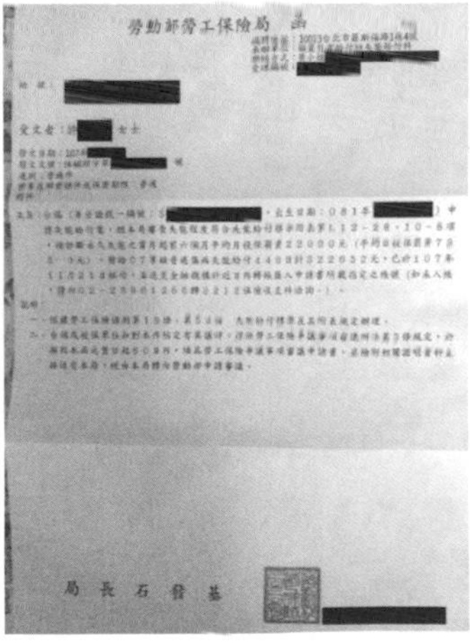

勞動部勞工保險局　函

受文者：許[redacted]女士

局長　石發基

4-3 勞工死亡理賠案例

當事人及理賠險種：邵先生-勞保死亡給付

一、 事發緣由：

邵先生，63 年次，從事機電空調工程維修工作，勞保投保年資 17 年 24 日，投保薪資 23,100 元。家人 6 人，包括媽媽，弟弟，妻子與 2 位小孩，不過已離婚，2 位小孩(大女兒 23 歲與小兒子 8 歲)與前妻同住。自己與媽媽和弟弟同住。

邵先生於 106 年 11 月 17 日在機電空調工程公司上班與加保勞工保險，到 107 年 3 月 9 日離職，因為邵先生在這段期間去榮總醫院檢查，發現肝有問題，醫生檢查後發現為肝癌，體力無法正常上班而離職。可是，為了要照顧年邁的媽媽與 2 位小孩的扶養費用，讓邵先生非常苦惱不知該如何是好?

108 年 7 月 3 日，邵先生身體惡化，緊急到榮總醫院急診，醫生檢查發現肝有腫瘤且已經破裂，立即安排手術將肝切除二分之一，到病情穩定後出院。就在這個時候，明健的同仁陪同客戶回醫院就診時，遇見了身體非常虛弱的邵先生，明健同仁表示，為了保障自己的權益，應該要加保勞工保險。邵先生表示工作常常因為身體的狀況，所以工作都做不久，明健同仁建議可以加保在同職業性質的工會，雖然會增加一些保費的負擔，重要的是不會因為失去工作而中斷勞保給付的請領資格。後來邵先生經過明健同仁的建議後，並且確定自己可以負擔勞保費用後，108 年 8 月 23 日加入工會，處於勞保加保的穩定狀態。

不幸的是，108 年 9 月 18 日肝栓塞住院 6 天，於 9 月 24 日出院，於 10 月 14 日申請勞保傷病給付時，不太清楚如何申請，詢問明健同仁是否可以協助辦理相關的給付。明健同仁先到邵先生家中瞭解狀況後，表示可以協助申請，而且重要的是勞保失能給付，才能真正幫到邵先生；不過，邵先生擔心這些勞保給付是否請的到，他更擔心媽媽沒有人照顧、沒錢生活，聽醫生的話語他知道有可能時間不多，希望可以將自己能夠申請的錢，趕快申請出來留給媽媽當作生活所需。

明健同仁知道邵先生擔心的事情後，將要處理的問題一一分析給邵先生聽，邵先生知道自己沒有辦法用這樣的身體去處理這些繁瑣與不好面對的事情，弟弟也不懂這些事情，決定將事情交給明健處理。明健於 108 年 11 月 1 日開始服務邵先生的事情。

二、 案件分析：

(一) 協助訴求：

1. 勞工保險中斷
2. 不知道可以申請那些勞工保險給付
3. 要安頓好邵媽媽的生活

(二) 理賠險種：

1. 勞工保險失能給付
2. 勞工保險死亡給付

三、 處理經過：

明健一開始沒有接手處理邵先生的事情，是評估邵先生的體況好轉了，不符合申請的條件與資格，便建議邵先生可以加入工會，穩定勞保加保的狀態。不料，邵先生的病情急轉直下，醫生也說是肝癌第三期，狀況不明朗，明健此時要跟時間賽跑，要趕在邵先生在的時候，處理好申請勞保給付的流程，才能夠符合規定照顧好邵先生應有的權益。

明健規劃先協助邵先生申請勞保失能給付，接著申請勞保死亡給付。

首先，明健怕邵先生的病情會急速惡化，十分注意邵先生的身體狀況，陸續回診了 2~3 個月，邵先生的病況依然不穩定，且醫生也表示狀況沒有改善，依照這樣的身體，沒有辦法等到時間申請勞保失能給付。因為，邵先生是 108 年 8 月 23 日重新加保勞保，依照法條規定須要等半年以後，而且符合標準，才可以申請勞保失能給付。照邵先生這樣的體況，醫生明確的表示，等不到半年的時間，因此明健與邵先生告知，勞保失能給付來不及申請，改申請死亡給付。

這時面臨一個問題，勞保死亡給付的繼承人，第一順位是配偶與子女，第二順位是父母。現在 2 位小孩都是由前妻照顧其生活，明健告知邵先生，勞保死亡給付的錢申請下來，會由小孩繼承，無法給邵媽媽。大女兒已經成年，而且身心正常，為完全行為能力人，可以繼承勞保死亡給付，小兒子未成年，會由有監護權的前妻代為繼承。邵先生知道這件事情後，邵先生表示由他自己與前妻溝通，看看是否可以將最後的勞保死亡給付都給邵媽媽。

邵先生帶著邵媽媽到前妻處，與 2 位小孩碰面，一陣寒暄後，開討論著自己的病情惡化，已經沒有多少時間，希望將最後的勞保死亡給付都給邵媽媽供生活之用。前妻表示她已經再婚，不過與邵媽媽仍維持不錯的情感，這件事情由小孩子決定，她不會涉入此事；大女兒表示，自己知道這是爸爸留給奶奶最後的錢，所以很懂事地將自己的存摺與印章當面都交給了奶奶，而小兒子繼承的部分由大女兒代領後，一併交給奶奶，姊弟倆都希望奶奶可以不用擔心生活的問題，最後決定將邵先生的勞保死亡給付都留給了奶奶，也了卻邵先生臨終的心願。

明健此時知道，要落實邵先生臨終的心願，將勞保死亡給付一毛不少地申請出來，並匯入大女兒的帳戶後，最後交到邵媽媽手中。

明健持續陪同邵先生回診榮總就醫，並協助邵先生預立遺囑，將勞保死亡給付明確給邵媽媽，而其餘銀行存款與其他一切財產由全體繼承人平均繼承。明健在 109 年 3 月 10 日協助邵先生將預立遺囑的事情辦好後，邵先生的病情仍然持續惡化中，明健知道最後的一天快到了。

該來的一天終究來到了，邵先生最後一段時間都在安寧病房中，連家人要探望都不容易。最後，醫師開立了邵先生的死亡證明，於 109 年 4 月 7 日上午 6 點 14 分結束了邵先生的一生，死因為自然死亡(純粹僅因疾病或自然老化所引起之死亡)。明健將邵先生的勞保本人死亡給付申請書及給付收據，由大女兒親簽後，連同邵先生的死亡證明書、載有死亡日期之全戶戶籍謄本、於死亡日期之後大女兒現在住址的戶籍謄本（詳細記事）與殯葬費用單據等申請文件，送給勞保局後，勞保局於 109 年 6 月 11 日先核付遺囑津貼 707,010 元，再於 109 年 6 月 18 日核付喪葬津貼 117,835 元，合計 824,845 元，勞保局將勞保死亡給付(喪葬費用 5 個月與遺囑津貼 30 個月)都匯入大女兒的帳戶後，大女兒再一併匯給邵媽媽，明健核對勞保局的公文與存摺，確定沒有問題，邵先生所有的勞保給付都交到邵媽媽的手中，完成邵先生生前最後的心願。

四、 **理賠結果：**

(一) 勞工保險死亡給付-喪葬津貼：117,835 元

(二) 勞工保險死亡給付-遺囑津貼：707,010 元

(三) 合計：824,845 元。

五、 法條規定：

(一) 勞工保險條例 第 53 條

被保險人遭遇普通傷害或罹患普通疾病，經治療後，症狀固定，再行治療仍不能期待其治療效果，經保險人自設或特約醫院診斷為永久失能，並符合失能給付標準規定者，得按其平均月投保薪資，依規定之給付標準，請領失能補助費。

(二) 勞工保險條例 第 63 條

被保險人在保險有效期間死亡時，除由支出殯葬費之人請領喪葬津貼外，遺有配偶、子女、父母、祖父母、受其扶養之孫子女或受其扶養之兄弟、姊妹者，得請領遺屬年金給付。

前項遺屬請領遺屬年金給付之條件如下：

1、配偶符合第五十四條之二第一項第一款或第二款規定者。

2、子女符合第五十四條之二第一項第三款規定者。

3、父母、祖父母年滿五十五歲，且每月工作收入未超過投保薪資分級表第一級者。

4、孫子女符合第五十四條之二第一項第三款第一目至第三目規定情形之一者。

5、兄弟、姊妹符合下列條件之一：

（1）有第五十四條之二第一項第三款第一目或第二目規定情形。

（2）年滿五十五歲，且每月工作收入未超過投保薪資分級表第一級。

第一項被保險人於本條例中華民國九十七年七月十七日修正之條文施行前有保險年資者，其遺屬除得依前項規定請領年金給付外，亦得選擇一次請領遺屬津貼，不受前項條件之限制，經保險人核付後，不得變更。

(三) 勞工保險條例 第 63-2 條

前二條所定喪葬津貼、遺屬年金及遺屬津貼給付標準如下：

1、喪葬津貼：按被保險人平均月投保薪資一次發給五個月。但其遺屬不符合請領遺屬年金給付或遺屬津貼條件，或無遺屬者，按其平均月投保薪資一次發給十個月。

2、遺屬年金：

（1）依第六十三條規定請領遺屬年金者：依被

保險人之保險年資合計每滿一年，按其平均月投保薪資之百分之一點五五計算。

（２）依前條規定請領遺屬年金者：依失能年金或老年年金給付標準計算後金額之半數發給。

３、遺屬津貼：

（１）參加保險年資合計未滿一年者，按被保險人平均月投保薪資發給十個月。

（２）參加保險年資合計已滿一年而未滿二年者，按被保險人平均月投保薪資發給二十個月。

（３）參加保險年資合計已滿二年者，按被保險人平均月投保薪資發給三十個月。

前項第二款之遺屬年金給付金額不足新臺幣三千元者，按新臺幣三千元發給。

遺屬年金給付於同一順序之遺屬有二人以上時，每多一人加發依第一項第二款及前項規定計算後金額之百分之二十五，最多加計百分之五十。

(四) 勞工保險條例 第 63-3 條

遺屬具有受領二個以上遺屬年金給付之資格時，應擇一請領。

本條例之喪葬津貼、遺屬年金給付及遺屬津貼，以一人請領為限。符合請領條件者有二人以上時，應共同具領，未共同具領或保險人核定前如另有他人提出請領，保險人應通知各申請人協議其中一人代表請領，未能協議者，喪葬津貼應以其中核計之最高給付金額，遺屬津貼及遺屬年金給付按總給付金額平均發給各申請人。

同一順序遺屬有二人以上，有其中一人請領遺屬年金時，應發給遺屬年金給付。但經共同協議依第六十三條第三項、第六十三條之一第二項及第四項規定一次請領給付者，依其協議辦理。

保險人依前二項規定發給遺屬給付後，尚有未具名之其他當序遺屬時，應由具領之遺屬負責分與之。

六、 案件啟示：

邵先生在病重的情況下，偶然遇到明健同仁，一個小小的提醒，幫助了邵先生臨終的心願，就是能夠給媽媽最後一個盡孝道的心意，將自己能夠給的財產給媽媽，也留了一些財產給小孩子，盡作為一個父親最後的責任。

很多人可能不知道，此時此刻，社會保險的意義、功用與價值真正能夠讓一個人好好的離開人世，不會再牽掛世上的家人，過得好不好?會不會挨餓、著涼或受氣?這些平常看似微不足道的小事情，當面臨到人生最後的一哩路時，卻是最掛念的事情。

世界上沒有人真正想參加誰的告別式，因為心情都不會好受，但是每一個告別式都是在提醒著我們，生命是如此的脆弱和無常，親如夫妻、母子與兄弟，總會有一個人先走。那麼明健在一個小小的提醒後，協助邵先生完成最後的心願。想想我們有多久沒有好好陪陪父母或妻兒了;有多久沒有跟家人說過貼心的關懷問候了。每個人心中想要說的話與想要做的事，都要趁一切都還來的及的時候，去完成，才不會留下遺憾。

七、圖片資料

(一)勞工保險投保明細

(二)榮總醫院診斷書

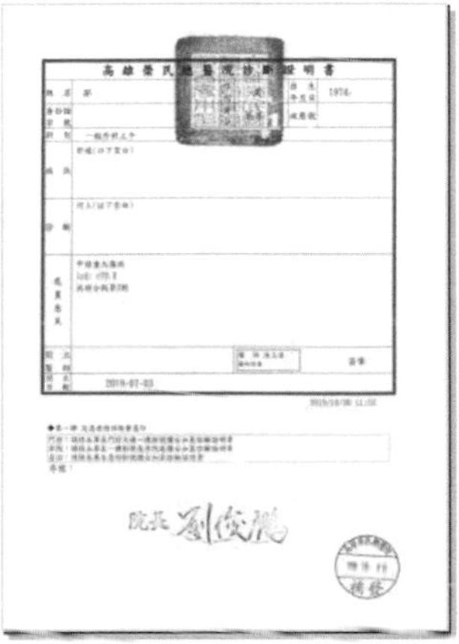

(三) 死亡證明書

(四) 勞工保險死亡核付

4-4
身障失能案例

當事人及險種：鍾小弟-學保 2 級 90 萬

一、 事發緣由：

鍾小弟，民國 100 年 12 月出生，今年(民國 110 年)已滿 9 歲，家裡有爸爸、媽媽與 2 個弟弟共 5 人。

民國 108 年底明健同仁在一次活動時，與鍾小弟的爸爸與媽媽同桌吃火鍋，看見鍾小弟不會說話，只會發出啊啊啊…的聲音跟家人互動；不一會兒，鍾小弟突然出手用力地打爸爸的左臉頰，發出很大的聲響，爸爸立刻大聲喝斥鍾小弟不可以這樣子，並叫他坐好吃飯，卻只見鍾小弟覺得開心、好玩也不吃飯就跑離了座位去玩兒，叫也叫不回，坐在椅子上乖乖吃飯的時間不超過 5 分鐘。

明健同仁便詢問爸爸小學的老師有協助申請相關的社會補助嗎?鍾小弟的爸爸抱歉地趕忙解釋鍾小弟的情況，想了一下，說都讀到三年級了，除了申請身心障礙手冊的補助，與社工和學校老師來探望關心鍾小弟的生活外，沒有其他社會補助，「啊，有申請到啦！老師有協助申請弟弟看病的醫藥費啦」爸爸說道，明健同仁聽到這裡便知道：鍾小弟的狀況符合學生平安保險失能給付的請領資格，卻沒有申請到相對的理賠金。

後來，明健同仁與鍾小弟的爸媽另外約了時間，到家裡瞭詳細狀況與就醫資料，明健同仁說明學生平安保險的權益後，鍾小弟的爸媽才知道還有失能給付可以申請，鍾小弟的爸媽經過討論後，將此事交給明健公司服務。

二、 案件分析：

(一) 協助訴求：

1. 申請理賠金
2. 相關社會資源

(二) 理賠險種：

學生平安保險-失能給付

三、 處理經過：

109 年 1 月底交給明健後，先向學校申請鍾小弟的完整學籍證明資料，瞭解鍾小弟的就醫過程。鍾小弟在民國 104 年署立屏東醫院(以下稱署屏醫院)進行身心障礙鑒定為輕度發展遲緩；106 年就讀屏東國小特殊教育班，同年署屏醫院鑑定為中度；108 年署屏醫院鑑定為重度發展遲緩。另一方面，瞭解就學的情況，在小學與老師的互動很乖，也不多話；不過與家人在家裡或出外的互動，以及看到當天吃飯的狀況，反差卻很大，而且在家裡會有撕、丟東西，常常喜歡觸摸手機、包包或家裡沒看過的新東西，有時便抓著不放，也會斜眼看著對他說話的人，好像他真的聽的懂卻做出令爸爸媽媽生氣的舉動。

明健瞭解鍾小弟在學校與在家裡的生活情況後，109 年 2 月陪同家長到署屏醫院回診，聆聽醫生對鍾小弟的症狀分析與後續陪伴的建議。醫生很同情鍾小弟的情況，也因為年紀很小，更要把握時間，每天都要他說話，跟著爸爸媽媽學說發音、咬字正確的國語，不要一直用啊啊啊的叫聲方式與人互動，慢慢改善進步。

明健將鍾小弟學校與家裡的生活情況進一步說明給醫生後，請醫師評估鍾小弟的情況，對於學校學習與同儕互動的影響為何?醫師表示鍾小弟有自閉症，而且注意力不足，也有過動症的症狀，屬於兩種症狀的混合型；另外，雖然聽的懂別人對他說話，卻不知道如何回應，也不會寫自己的名字，經過智慧評鑑後，分數落在 40~55(低於智力平均值三至四個標準差)，屬於中度智能不足。因為沒有語言能力，也缺乏自我照顧的能力，需要爸爸媽媽隨時陪在身邊。現在以就讀學校特教班，仍然需要老師特別關心與照看，不然很容易發生事情。

明健依照醫生的專業評估，請醫生開立診斷書後，將申請學生平安保險-失能給付所需要的文件整理好，送到學校給老師後，老師也才明白原來有失能給付可以申請，而且需要的文件都已經齊全，老師頓時很開心的表示會立刻聯絡保險公司的人原來取件。

經過保險公司的文件審合已後，再派專員到家裡拜訪爸爸媽媽與鍾小弟。因為鍾小弟看到陌生人的反應不會像與家人的互動一樣，爸爸媽媽也不知道該如何解釋醫生的專業判斷，明健適時地解釋鍾小弟的生活情況與醫師是如何判斷鍾小弟的症狀。終於，在 109 年 3 月底前，保險公司通知核付鍾小弟的症狀，符合學生平安保險-失能給付第 2 級，給付新台幣 90 萬元，並且 110 年 3 月滿一年後，再來申請生活補助金。

四、 理賠結果：

(一)學生平安保險-失能給付：90 萬元

(二)生活補助金：67 萬 5 千元，分四年請，存活滿一年得申請

(三)合計：157 萬 5 千元

五、 法條規定：

(一) 高級中等以下學校學生及教保服務機構幼兒團體保險條例

第 4 條 本條例用詞，定義如下：

1、學校：指下列各目之學校：

（1）高級中等以下學校。

（2）國民中學及國民小學附設之國民補習學校。

（3）特殊教育學校。

（4）其他經中央主管機關指定之學校。

2、學生：指在學校有學籍或接受非學校型態實驗教育者。

3、教保服務機構：指幼兒教育及照顧法所定之

教保服務機構。

4、幼兒：指依法規實際在教保服務機構接受幼兒教育及照顧服務者。

5、被保險人：指依本條例參加本保險之學生及幼兒。

6、要保單位：指下列各目代被保險人辦理投保事務之單位：

（1）學生學籍所在之學校及接受交換生之學校。

（2）幼兒就讀之教保服務機構。

（3）學生就讀之實驗教育機構或團體。

（4）許可學生個人接受非學校型態實驗教育之主管機關。

7、保險人：辦理本保險之保險公司。

8、受益人：指被保險人本人。但身故保險金為其法定繼承人。

第 14 條　本保險給付項目如下：

一、身故保險金。

二、醫療保險金。

三、失能保險金。

四、生活補助保險金。

五、集體中毒保險金。

前項醫療保險金包括住院醫療保險金、傷害門診保險金與燒燙傷及需重建手術保險金。

(二) 109 學年度高級中等以下教育階段學生及教保服務機構幼兒團體保險保單條款

第十三條 失能保險金的給付

被保險人在保險期間內，因疾病或遭受意外傷害事故，致成附表一所列失能程度之一者，本公司按附表一所列金額，給付失能保險金。

被保險人因同一事故，致成附表一所列失能程度之一，而於該事故發生之日起 3 個月內身故時，本公司給付身故保險金，最高以新臺幣壹佰萬元為限，但以前的失能，依第一項約定應給付之失能保險金，視同本公司已給付部分身故保險金，應扣除之。

被保險人因同一事故，致成附表一所列 2 項以上失能程度時，本公司給付各該項失能保險金之和，但最高以新臺幣壹佰萬元為限。但不同失能項目屬於同一手或同一足時，僅給付 1 項失能保險金；

若失能項目所屬失能等級不同時，給付較嚴重項目的失能保險金。

被保險人因本次事故所致之失能，如合併以前（含本契約訂立前）或因第十七、十八條規定之除外責任所致之失能，可領附表一所列較嚴重項目的失能保險金者，本公司按較嚴重的項目給付失能保險金，但以前的失能，視同已給付失能保險金，應扣除之。

被保險人在保險期間內，因疾病或遭受外來突發的意外傷害事故致成附表一所列第一、二級者，除給付失能保險金外，並分期給付生活補助金如下：

一、第一級失能生活補助金

（一）致成第一級失能之日起算滿 1 年仍生存者給付新臺幣壹拾伍萬元。

（二）致成第一級失能之日起算滿 2 年仍生存者給付新臺幣貳拾萬元。

（三）致成第一級失能之日起算滿 3 年仍生存者給付新臺幣貳拾伍萬元。

（四）致成第一級失能之日起算滿 4 年仍生存者給付新臺幣參拾萬元。

二、第二級失能生活補助金

（一）致成第二級失能之日起算滿 1 年仍生存者給付新臺幣壹拾壹萬貳仟伍百元。

（二）致成第二級失能之日起算滿 2 年仍生存者給付新臺幣壹拾伍萬元。

（三）致成第二級失能之日起算滿 3 年仍生存者給付新臺幣壹拾捌萬柒仟伍百元。

（四）致成第二級失能之日起算滿 4 年仍生存者給付新臺幣貳拾貳萬伍仟元。

被保險人在訂立本契約前或因第十七、十八條規定之除外責任所致附表一所列之第二級失能程度之一者，於本契約有效期間內因發生疾病或遭受意外傷害事故，致其失能程度加重為附表一所列之第一級失能程度之一者，對以前失能部分視同已給付第二級失能之生活補助金，本公司僅就第一級與第二級失能生活補助金差額部分所計得之金額，給付本條之生活補助金。

六、案件啟示：

能夠幫助鍾小弟一家人，明健感到很開心，因為一個活動的聚餐，讓鍾小弟的爸爸媽媽可以得到學生平安保險應有的權利，明健也很感謝爸爸媽媽與學校老師的信任，才能夠讓明健在最快的速度完成任務。

明健必須要用最快的速度完成任務，是因為明健要搶第一時間可以讓鍾小弟接受需要自費的治療與協助，讓鍾小弟可以跟上同年齡的小朋友，讓爸爸媽媽可以親眼看到鍾小弟開口說話，親耳聽到鍾小弟說一聲：「爸爸，媽媽!」。

慶幸的是，在屏東潮州有一所「國立屏東特殊教育學校」，招收國一生接受特殊教育，等鍾小弟國小畢業後便進入「國立屏東特殊教育學校」就讀，讓鍾小弟可以正常的跟家人生活。

正常的普通生活，對許多人而言是平淡無奇地，對鍾小弟與他的爸爸媽媽而言，卻是困難重重。鍾小弟的人生還有很長一段路要走，明健的專業只是適時地幫助需要幫助的人，讓社會多一些希望與關懷。

七、圖片資料

(一) 全戶戶籍謄本影本

戶口名簿

(二)身心障礙鑑定報告

身心障礙鑑定報告

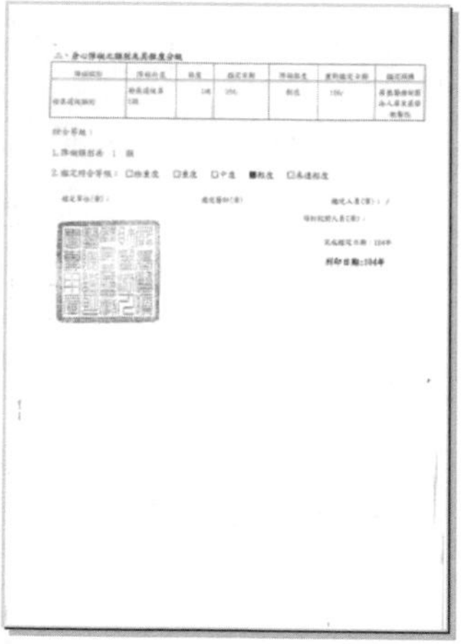

身心障礙鑑定報告
第一部分：基本資料
第二部分：鑑定結果

二、身心障礙之類別及其程度分級

身心障礙鑑定報告
第一部分：基本資料
第二部分：鑑定結果

二、身心障礙之類別及其程度分級

(三) 署立屏東醫院診斷書

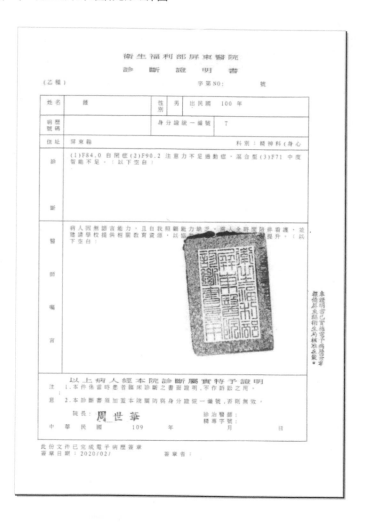

衛生福利部屏東醫院

診　斷　證　明　書

(乙種)　　　　　　　　　　　　　字第NO:　　　　號

姓名	鍾	性別	男	出民國 100 年
病歷號碼		身分證統一編號	T	
住址	屏東縣			科別：精神科(身心
診斷	(1)F84.0 自閉症(2)F90.2 注意力不足過動症，混合型(3)F71 中度智能不足。(以下空白)			
醫師囑言	病人因無語言能力，且自我照顧能力缺乏，需人全時間陪伴看護，並建議學校提供相關教育資源，以協[illegible]提升。(以下空白)			

本證明書已實施電子病歷並報備屏東縣衛生局核准在案。

以上病人經本院診斷屬實特予證明

注意：

1. 本件係當時患者臨床診斷之書面證明，不作訴訟之用。
2. 本診斷書須加蓋本院關防與身分證統一編號，否則無效。

院長：周世華　　　　　　　　診治醫師：

　　　　　　　　　　　　　　精專字號：

中華民國　109　年　　月　　日

此份文件已完成電子病歷簽章

簽章日期：2020/02/　　　　簽章者：

4-5
交通事故理賠案例（3）

當事人及險種：吳媽媽-車禍-強醫+強失+勞失+調解

一、 事發緣由：

吳媽媽，56 年次，住在高雄市，從事居家看護工作，單親扶養一個小孩。民國 106 年 3 月 14 日騎機車，經過嘉義縣大埔鄉台三線 335 公里處，因後方小貨車駕駛林伯伯超車，未保持安全間隔擦撞造成車禍，當場昏迷；林伯伯為從事農業，開著小貨車去送貨，當下非常緊張，立刻報警，救護車先將吳媽媽送往嘉義的天主教聖馬爾定醫院，後警方前來與林伯伯製作筆錄。

當日吳媽媽於天主教聖馬爾定醫院進行急診手術，傷勢為左側尺骨鷹嘴突骨折，右側第一掌掌骨骨折，頭部外傷併頭皮撕裂傷；當日進行左側尺骨鷹嘴突骨折與右側第一掌掌骨骨折復位及鋼釘內固定手術、頭皮撕裂傷口清創縫合術，於 3 月 17 日出院。

出院後回高雄與女兒同住，方便就近照顧與休養。不幸，手術內固定的螺絲鬆脫造成感染，就近於同年 5 月 8 日往衛生福利部旗山醫院(下稱旗山醫院)急診住院，進行清創與筋膜切開手術，及接受傷口罩戶和抗生素治療，於 6 月 10 出院，之後，並視情況作清創手術，於 107 年 5 月 2 日住進長庚醫院作清創手術，住院 12 日，107 年 5 月 13 日出院，陸續回診追蹤。

吳媽媽因為無駕駛執照，怕被開罰單，且警方判定吳媽媽負 3 成、林伯伯 7 成的肇事責任，不敢去警察局跟林伯伯的保險公司-泰安產物保險(下稱泰安產險)和解。更讓吳媽媽苦惱的是，車禍受傷之後，除了不能工作使收入中斷將近一年以外，又積欠醫療費用，便轉而向朋友、親戚甚至是當鋪陸續借錢，還要負擔扶養小孩、生活費、教育費…解踵而來的帳單，生活的壓力讓吳媽媽快喘不過氣來，不知道要如何面對明天的生活………。

明健同仁是在 107 年 6 月底陪客戶回診時，遇到了在醫院停車場賣口香糖的吳媽媽。結束了回診服務後，明健同仁關心吳媽媽的傷勢，是否有什麼困難需要協助?當下聆聽了吳媽媽的情況後，明健同仁後續再約了一次時間，看完吳媽媽的資料後，詳細說明明健的服務內容後，吳媽媽決定將事情交給明健處理。

二、 案件分析：

(一)協助訴求：

1、吳媽媽負 3 成肇責，無駕駛執照，也沒戴安全帽，怕開罰單，不敢接電話與和解。

2、吳媽媽積欠許多醫療費用，甚至高利借貸債務要償還。

3、吳媽媽身體未能回復到能工作的程度，也不具備相關知識與對造泰安產險的理賠人員和解，也不知該求償多少金額才足以保障自己的權益。

(二)理賠險種

1、 強制險-醫療給付、失能給付

2、 勞工保險-普通疾病失能給付

3、 第三人責任險(泰安產物)

三、 處理經過

(一)強制險-醫療給付、失能給付

吳媽媽是車禍意外導致受傷，雖然無駕駛執照，不影響強制險的給付，收集好警方的文件(登記三聯單、現場圖、現場照片與初步分析研判表，未申請鑑定)後，與車禍後就醫的診斷書與醫療收據後，向對造林伯伯投保強制險的保險公司-泰安產物，申請強制險醫療給付，後來在 107 年 9 月 20 日核付，理賠新臺幣 86,526 元。

另外申請強制險失能給付，因為車禍受傷，傷勢為左側尺骨鷹嘴突骨折，右側第一掌掌骨骨折，頭部外傷併頭皮撕裂傷，進行左側尺骨鷹嘴突骨折與右側第一掌掌骨骨折復位及鋼釘內固定手術、頭皮撕裂傷口清創縫合術後，又陸續回診。之後旗山醫院醫師診斷為：仍然呈現手掌背側肌腱沾黏及右側腕部嚴重骨頭缺損右手手指及手腕關節活動受限(右側腕關節活動角度：屈曲 0-30 度，伸曲 0-0 度；右手第 1-5 手指掌關節活動角度：屈曲 0-0 度，伸曲 0-15 度)，經復健治療後，症狀固定，導致右手手部勞動力功能喪失。依據旗山醫院醫師的診斷內容，向泰安產物申請強制險失能給付，後於 107 年 11 月 21 日核付，等級 7 級，理賠新台幣 73 萬元整。

(二) 勞工保險-普通疾病失能給付

吳媽媽，從事居家看護工作，收入也不是很穩定，便有時積欠勞工保險保費。車禍發生，加保的工會投保薪資級距為 23,100 元。因為吳媽媽的受傷部位為上肢，需要治療滿一年以後，才可以提出申請。吳媽媽從車禍發生日(106 年 3 月 14 日)到 107 年 3 月 13 日滿一年，而在 107 年 6 月底時遇到明健，發現吳媽媽的勞保加保不固定，便建議要穩定持續加保，滿一年後，於 108 年 7 月 10 日依據旗山醫院醫師的診斷內容，開立勞工保險失能診斷書，符合等級第 7 級，送件勞保局申請勞保普通疾病失能給付。

不料，勞保局在 108 年 7 月 26 日收到申請後，公文回覆，認為吳媽媽後來在 108 年 2 月 7 日又作了清創手術，從 108 年 2 月 7 日到 7 月 10 日期間不滿一年的治療時間，不予給付。明健向勞保局提出「爭議審議」，主張：「清創手術並非手術，僅傷口上必要之清理處置；長庚醫院醫師也說明，清創治療後並不會影響右手腕活動角度，清創手術也非手術。所以，最後一次手術應為民國 106 年 5 月 8 日」。後來勞工局要求補件，補齊旗山醫院手術的診斷書與 X

光片等相關醫療紀錄檔，重新審查。

重新審查後，勞保局行文表示，吳媽媽在民國 97 年 7 月間以經有請過一次等級 7 級的失能給付，加上這次車禍造成的傷勢，亦符合等級 7 級，依照規定合併升等為等級 5 級，給付 640 日，扣除已給付的 440 日，應給付 200 日普通疾病失能給付，計 154,000 元(平均月投保薪資 23,100 元，平均日投保薪資 770 元，770 元乘以 200 日等於 154,000 元)。可是，有積欠勞保費用 9,082 元，要繳清欠費後，通知勞保局，再行辦理。

明健請吳媽媽將積欠勞保費用 9,082 元還清後，通知勞保局。終於，勞保局在 109 年 1 月 2 日核付新台幣 154,000 元整。

(三)法院調解

處理強制險與勞保失能給付的同時，也在與對造林伯伯進行和解，可惜的是，明健接手時是在 107 年 6 月，已經超過 6 個月的時效期，所以直接提起民事訴訟。

明健與對造林伯伯聯絡，林伯伯表示都交給泰安產物保險的理賠員處理。後與泰安產險聯絡瞭解情況，得知，原本泰安產險已經確定調解的日期，吳媽媽因為害怕被罰 1 萬 5 千元，都不敢接電話，泰安產險業聯絡不到吳媽媽，就這樣經過了一年多沒有調解。後來，在民事法庭上，法官詢問雙方是否有和解意願，明健取得吳媽媽同意後表示願意和解，泰安產險亦表示同意。轉入簡易庭調解後，雙方以新台幣 75 元達成和解。

四、 理賠結果

(一)強制險：醫療給付 86,526 元、失能給付 73 萬元、

(二)勞工保險失能給付：154,000 元

(三)法院調解第三人責任險(泰安產物)：75 萬元

(四)合計：1,720,526 元

五、 法條規定

(一) 強制汽車責任保險法 第 27 條

本保險之給付項目如下：

1、傷害醫療費用給付。

2、失能給付。

3、死亡給付。

前項給付項目之等級、金額及審核等事項之標

準，由主管機關會同中央交通主管機關視社會及經濟實際情況定之。

前項標準修正時，於修正生效日後發生之汽車交通事故，保險人應依修正後之規定辦理保險給付。

吳媽媽的體況依照強制汽車責任保險給付標準，符合第 7 級，給付 73 萬元。

(二) 刑事訴訟法 第 237 條

告訴乃論之罪，其告訴應自得為告訴之人知悉犯人之時起，於六個月內為之。

得為告訴之人有數人，其一人遲誤期間者，其效力不及於他人。

(三) 勞工保險條例 第 53 條

被保險人遭遇普通傷害或罹患普通疾病，經治療後，症狀固定，再行治療仍不能期待其治療效果，經保險人自設或特約醫院診斷為永久失能，並符合失能給付標準規定者，得按其平均月投保薪資，依規定之給付標準，請領失能補助費。

前項被保險人或被保險人為身心障礙者權益保障法所定之身心障礙者，經評估為終身無工作能力者，得請領失能年金給付。其給付標準，依被保險人之保險年資計算，每滿一年，發給其平均月投保薪資之百分之一點五五；金額不足新臺幣四千元者，按新臺幣四千元發給。

前項被保險人具有國民年金保險年資者，得依各保險規定分別核計相關之年金給付，並由保險人合併發給，其所需經費由各保險分別支應。

本條例中華民國九十七年七月十七日修正之條文施行前有保險年資者，於符合第二項規定條件時，除依前二項規定請領年金給付外，亦得選擇一次請領失能給付，經保險人核付後，不得變更。

依勞工保險失能給付標準及其附表，以身體失能部位不同計分：精神、神經、眼、耳、鼻、口、胸腹部臟器、軀幹、頭臉頸、皮膚、上肢、下肢等 12 個失能種類、221 個失能項目、15 個失能等級。

本案件為上肢部位，依據醫師開立的內容，符合勞工保險失能給付標準第 7 級，給付日數為 440 日。因前次事故已符合等級 7 級，依照規定合併升等為等級 5 級，給付 640 日，扣除已給付的 440 日，應給付 200 日普通疾病失能給付，

平均月投保薪資及平均日投保薪資之計算：現行勞工保險局規定，失能一次金（含職業傷病失能補償一次金）按被保險人發生保險事故（即診斷永久失能日期）

之當月起前 6 個月之實際月投保薪資平均計算；平均日投保薪資以平均月投保薪資除以 30 計算之。

若被保險人同時受僱於 2 個以上投保單位者，其普通事故保險給付之月投保薪資得合併計算，不得超過勞工保險投保薪資分級表最高一級。但連續加保未滿 30 日者，不予合併計算。

依勞工保險被保險人投保資料表(明細)顯示，本案件吳媽媽加保於工會，發生保險事故（即診斷永久失能日期）之當月起前 6 個月投保金額為 23,100 元。

綜合以上，本案件吳媽媽請領失能一次金，計金額為 154,000 元。唯須先繳清積欠勞保費用 9,082 元後得予給付。

六、 案件啟示

吳媽媽因為害怕法律責任，錯過了 6 個月的刑事起訴期，因為車禍傷勢無法從事居家看護工作，轉為賣口香糖，經過明健協助處理強制險、勞工保險與第三人責任險的理賠，讓吳媽媽得到應有的理賠金，經歷了 2 年辛苦的生活，現在能夠在高雄買了一間小平房居住，地方不大，不打擾到女兒的生活下，有著自己生活的空間。明健知道，理賠的價值，除了金錢以外，重要的是能夠第一時間接手，能夠使吳媽媽有個依靠，也能在最快時間內治療好手腕。因為，理賠的金額再高，都不會比健康的身體來的重要。

七、圖片資料

(一) 初判表

(二) 聖馬爾定醫院診斷書

(三) 旗山醫院診斷書

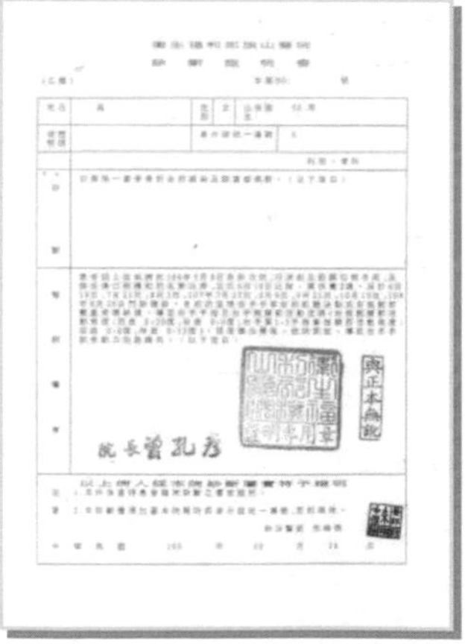

(四) 長庚醫院診斷書

(五) 勞保局不給付公文

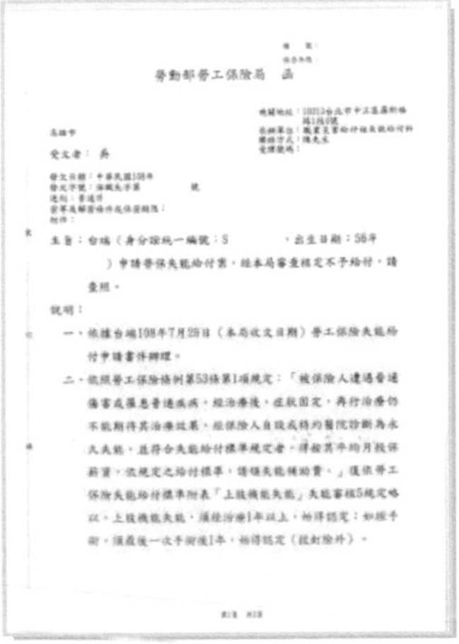

檔號：
保存年限：

勞動部勞工保險局 函

機關地址：10013台北市中正區羅斯福路1段4號
承辦單位：職業災害給付組失能給付科
聯絡方式：
受理號碼：

高雄市

受文者：吳

發文日期：中華民國108年
發文字號：保職失字第　號
速別：普通件
密等及解密條件或保密期限：
附件：

主旨：台端（身分證統一編號：S　，出生日期：58年　）申請勞保失能給付案，經本局審查核定不予給付，請查照。

說明：

一、依據台端108年7月29日（本局收文日期）勞工保險失能給付申請書件辦理。

二、依照勞工保險條例第53條第1項規定：「被保險人遭遇普通傷害或罹患普通疾病，經治療後，症狀固定，再行治療仍不能期待其治療效果，經保險人自設或特約醫院診斷為永久失能，並符合失能給付標準規定者，得按其平均月投保薪資，依規定之給付標準，請領失能補助費。」復依勞工保險失能給付標準附表「上肢機能失能」失能審核5規定略以，上肢機能失能，須經治療1年以上，始得認定；如經手術，須最後一次手術後1年，始得認定（註射除外）。

第1頁 共2頁

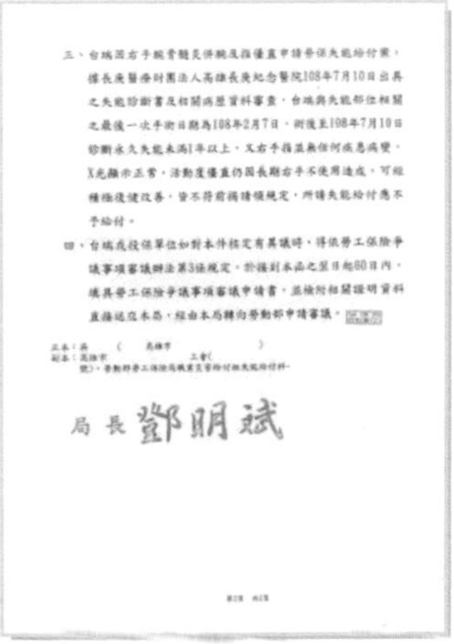

三、台端因右手腕骨髓炎併腕及指僵直申請勞保失能給付案，據長庚醫療財團法人高雄長庚紀念醫院108年7月10日出具之失能診斷書及相關病歷資料審查，台端與失能部位相關之最後一次手術日期為108年2月7日，術後至108年7月10日診斷永久失能未滿1年以上，又右手指並無任何疾患病變，X光顯示正常，活動度僵直仍因長期右手不使用造成，可經積極復健改善，皆不符前揭請領規定，所請失能給付應不予給付。

四、台端或投保單位如對本件核定有異議時，得依勞工保險爭議事項審議辦法第3條規定，於接到本函之翌日起60日內，填具勞工保險爭議事項審議申請書，並檢附相關證明資料直接送交本局，經由本局轉向勞動部申請審議。

正本：吳　（　高雄市　）
副本：高雄市　工會（　號）、勞動部勞工保險局職業災害給付組失能給付科

局長 鄧明斌

第2頁 共2頁

(六) 向勞保局提 「爭議審議」公文

檔號：
保存年限：

勞動部勞工保險局 函

機關地址：10013台北市中正區羅斯福路1段4號
承辦單位：職業災害給付組失能給付科
聯絡方式：
受理號碼：

高雄市

受文者：吳

發文日期：中華民國108年
發文字號：保職失字第　號
速別：速件
密等及解密條件或保密期限：
附件：如主旨

主旨：檢送被保險人吳　失能給付案勞工保險爭議事項審議申請書正本（含附件及寄件信封），報請審議。

說明：

一、依據吳　108年9月20日（本局收文日期）勞工保險爭議事項審議申請書辦理。

二、吳君請求申請審議案，本局已就其主張之相關事項進行查核中，俟查明後當依規定辦理。

正本：勞動部
副本：吳　（　高雄市　）、勞動部勞工保險局職業災害給付組失能給付科

局長 鄧 明 斌

第1頁 共1頁

(七) 勞保局「繳清積欠勞保費用再行給付」公文

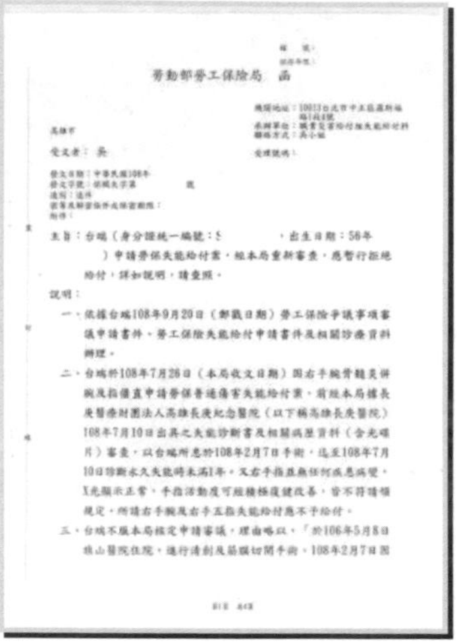

勞動部勞工保險局　函

機關地址：10013台北市中正區羅斯福路1段4號
承辦單位：職業災害給付組失能給付科
聯絡方式：吳小姐

高雄市

受文者：吳

發文日期：中華民國108年
發文字號：保職失字第　號
速別：速件
密等及解密條件或保密期限：
附件：

主旨：台端（身分證統一編號：S　，出生日期：56年　）申請勞保失能給付案，經本局重新審查，應暫行拒絕給付，詳如說明，請查照。

說明：

一、依據台端108年9月20日（郵戳日期）勞工保險爭議事項審議申請書件、勞工保險失能給付申請書件及相關診療資料辦理。

二、台端於108年7月26日（本局收文日期）因右手腕骨髓炎併腕及指僵直申請勞保普通傷害失能給付案，前經本局據長庚醫療財團法人高雄長庚紀念醫院（以下稱高雄長庚醫院）108年7月10日出具之失能診斷書及相關病歷資料（含光碟片）審查，以台端所患於108年2月7日手術，迄至108年7月10日診斷永久失能時未滿1年，又右手指並無任何疾患病變，X光顯示正常，手指活動度可經積極復健改善，皆不符請領規定，所請右手腕及右手五指失能給付應不予給付。

三、台端不服本局核定申請審議，理由略以，「於106年5月8日旗山醫院住院，進行清創及筋膜切開手術，108年2月7日因

右側第1掌骨感染，在高雄長庚醫院接受清創治療，長庚醫師說明清創治療並不會影響右手腕活動角度，清創手術治療也非手術，故最後一次手術應為106年5月8日，應符合請領失能給付規定。」經查台端於97年7月間已因精神失能依當時適用之勞工保險殘廢給付標準表第4項（相當於現行勞工保險失能給付標準附表第1-4項）第7等級請領440日普通疾病殘廢給付在案。本案為求慎重，乃於108年10月1日函請台端至衛生福利部旗山醫院複檢右腕關節及右手五指活動度，並補具所患初診之診斷證明書。嗣本局於108年11月28日（本局收文日期）收受衛生福利部旗山醫院108年11月25日出具之複檢失能診斷書及台端所送該院光碟片，經將上開資料併全案重新審查，台端所患「右手腕關節」嚴重受損，骨缺損，已不可逆無法復原，喪失生理活動度1/2，失能程度符合勞工保險失能給付標準附表第11-34項第11等級；又所患「右手五指」，喪失生理活動度1/2，失能程度符合同附表第11-47項第8等級，依規定，與前已請領之第7等級合併升等為第5等級，給付標準640日，扣除前已領取之440日，應發給200日普通疾病失能給付，計154,000元（平均月投保薪資23,100元，平均日投保薪資770元，770元乘以200日等於154,000元）。惟查台端於「大高雄照顧服務員職業工會」加保期間積欠99年8月起迄至101年1月份保險費及滯納金共計8,373元，及於「高雄市勞動力援助人員職業工會」加保期間積欠108年10月份保險費計709元，依規定，所請失能給付，應暫行拒絕給付，俟將上開欠費及應加徵滯納金繳清後，再通知本局辦理。

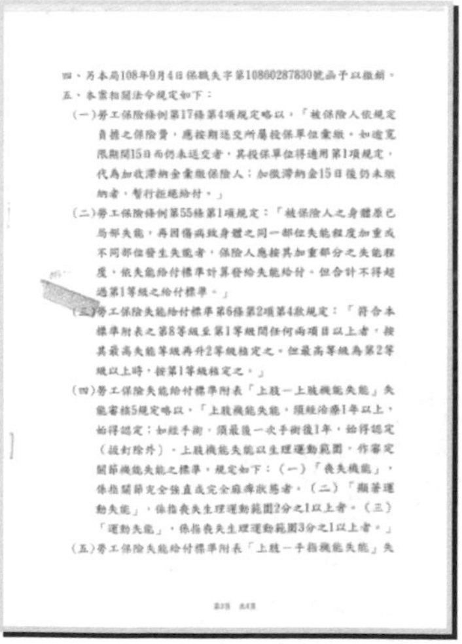

四、另本局108年9月4日保職失字第10860287830號函予以撤銷。

五、本案相關法令規定如下：

(一)勞工保險條例第17條第4項規定略以，「被保險人依規定負擔之保險費，應按期送交所屬投保單位彙繳。如逾寬限期間15日而仍未送交者，其投保單位得適用第1項規定，代為加收滯納金彙繳保險人；加徵滯納金15日後仍未繳納者，暫行拒絕給付。」

(二)勞工保險條例第55條第1項規定：「被保險人之身體原已局部失能，再因傷病致身體之同一部位失能程度加重或不同部位發生失能者，保險人應按其加重部分之失能程度，依失能給付標準計算發給失能給付。但合計不得超過第1等級之給付標準。」

(三)勞工保險失能給付標準第6條第2項第4款規定：「符合本標準附表之第8等級至第1等級間任何兩項目以上者，按其最高失能等級再升2等級核定之。但最高等級為第2等級以上時，按第1等級核定之。」

(四)勞工保險失能給付標準附表「上肢－上肢機能失能」失能審核5規定略以，「上肢機能失能，須經治療1年以上，始得認定；如經手術，須最後一次手術後1年，始得認定（被刺除外）。上肢機能失能以生理運動範圍，作審定關節機能失能之標準，規定如下：（一）「喪失機能」，係指關節完全強直或完全麻痺狀態者。（二）「顯著運動失能」，係指喪失生理運動範圍2分之1以上者。（三）「運動失能」，係指喪失生理運動範圍3分之1以上者。」

(五)勞工保險失能給付標準附表「上肢－手指機能失能」失

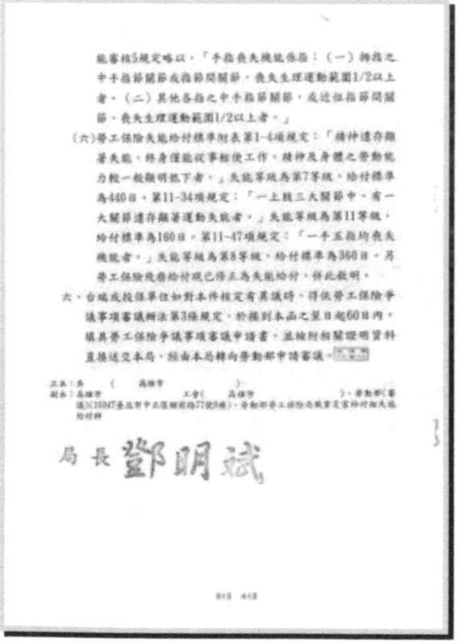

能審核5規定略以，「手指喪失機能係指：（一）拇指之中手指節關節或指節間關節，喪失生理運動範圍1/2以上者。（二）其他各指之中手指節關節，或近位指節間關節，喪失生理運動範圍1/2以上者。」

(六)勞工保險失能給付標準附表第1-4項規定：「精神遺存顯著失能，終身僅能從事輕便工作，精神及身體之勞動能力較一般顯明低下者。」失能等級為第7等級，給付標準為440日。第11-34項規定：「一上肢三大關節中，有一大關節遺存顯著運動失能者。」失能等級為第11等級，給付標準為160日。第11-47項規定：「一手五指均喪失機能者。」失能等級為第8等級，給付標準為360日。另勞工保險殘廢給付現已修正為失能給付，併此敘明。

六、台端或投保單位如對本件核定有異議時，得依勞工保險爭議事項審議辦法第3條規定，於接到本函之翌日起60日內，填具勞工保險爭議事項審議申請書，並檢附相關證明資料直接送交本局，經由本局轉向勞動部申請審議。

局長　鄧明斌

(八) 勞保局給付公文

勞動部勞工保險局　函

高雄市

受文者：吳

主旨：台端（身分證統一編號：S　　　，出生日期：56年　　）所請勞保失能給付款項154,000元，將於近日內匯入台端指定金融帳戶，請查照。

說明：

一、本局108年　　保職失字第　　號函諒達。

二、台端因右手腕骨髓炎併腕關節僵直申請勞保普通傷害失能給付，前經本局以前函重新審查，核定台端右手腕關節、右手五指失能程度符合勞工保險失能給付標準附表第11-34項第11等級及第11-47項第8等級，與前已請領之精神失能第7等級合併升等為第5等級，給付標準840日，扣除前已領取440日，應發給200日普通疾病失能給付，計154,000元。惟因台端積欠保險費及滯納金，經本局暫行拒絕給付在案，嗣查台端已繳清積欠之保險費及滯納金，所請失能給付將於近日內匯入台端指定金融帳戶。

三、本局108年　　保職失字第　　號函有關台端積欠保險費及滯納金，暫行拒絕給付核定部分撤銷。

局長 鄧明斌

(九)法院和解筆錄

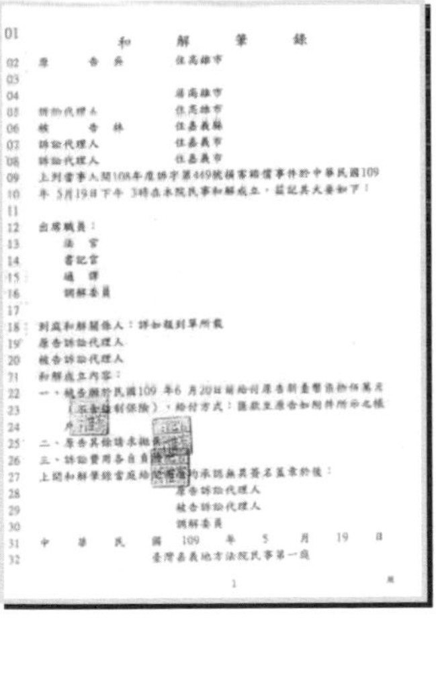
和　解　筆　錄

原　告　吳　　住高雄市

居高雄市

訴訟代理人　　住高雄市

被　告　林　　住嘉義縣

訴訟代理人　　住嘉義市

訴訟代理人　　住嘉義市

上列當事人間108年度訴字第449號損害賠償事件於中華民國109年5月19日下午3時在本院民事和解成立，茲記其大要如下：

出席職員：

法　官

書記官

通　譯

調解委員

到庭和解關係人：詳如報到單所載

原告訴訟代理人

被告訴訟代理人

和解成立內容：

一、被告願於民國109年6月20日前給付原告新臺幣　　元（不含強制保險），給付方式：匯款至原告如附件所示之帳戶。

二、原告其餘請求拋棄。

三、訴訟費用各自負擔。

上開和解筆錄當庭給　　閱　　均承認無異簽名蓋章於後：

原告訴訟代理人

被告訴訟代理人

調解委員

中　華　民　國　109　年　5　月　19　日

臺灣嘉義地方法院民事第一庭

1

書記官

法　官

中華民國109　年　5　月　19　日

書記官

2

第五篇 險種

（可以做些什麼？怎麼做？）

台灣擁有全面涵蓋率的全民健保，美國 CNN 報導譽為「世界級的衛生照顧系統」，在國民醫療健康的保障制度上，已被公認是世界首屈一指。

因為新冠疫情肆虐全球，台灣的健康醫療的保障和進步被國際世界看到了，回頭我們才知道自己處在最幸福的國度。同樣的道理，我們常常忽略掉身邊自己已經擁有的資源，而自己最容易忽略的，往往也是自身已經存在的權益。

除了健保之外，台灣具備的社會保險制度其實也是最完善的，無論任何人從出生到死亡，也不分身分別從學生、各類職工、退休、婦幼......等等都有各種專有的保險涵蓋。

以保險的基礎就「人身」的範疇來區分整理各類的險種，在商業保險所承作的類型主要有「商業人壽保險」與「團體意外險」；在政策性的社會保險就有

「全民健保」、「汽機車強制險」，其中依職業身分所包括的還有、「勞保」、「農保」、「漁保」、「公保」，在學身分同時也會擁有「學生團體保險」。

我們很容易忽略自身所擁有的保險權益，或許也是因為資訊太多，更顯得雜亂而繁瑣，撇開商業類型的保險，我們來談談一般顯而易見但是大家卻容易忽略的保險缺口，其實社會保險就有：

一、學生：**學生團體保險**（平安險）
二、就業保險：**勞保（職災）**、農保、漁保、公保
　　在此章節內容，我會跟大家討論最重要的「意外」與「失能」。
三、其他政策性社會保險：**汽機車強制險**

5-1

學生團體保險–身障學童的福音

自 106 學年度起，教育部即開始規劃將學生團體保險納入「政策型」保險。於 106 學年度之前，學生團體保險的盈虧是由承保的保險公司負擔，但長期執行下來的結果，導致承保的保險公司入不敷出，而不願意承保，因此在 106 學年度之前，高中職以下統一招標的學生團體保險，就曾由三商美邦人壽承保此項業務，一直到 106 學年度重新招標時，教育部啟動「補助學生團體保險幼兒園重症暨經濟弱勢學生(童)健康及醫療照顧費用專案計畫」，編列預算補助，並於該年度起由國泰人壽承保此項業務，就此開啟了我國學生團體保險的新篇章。

可帶病投保的保險

學生團體保險的保障內容與一般商業保險最大的差異，就在於可「帶病投保」，一般商業保險對於「帶病投保」的處理方式有二：一、核保時即拒保或是承保時即納入不賠事項之一；二、核付理賠時，將保前既有症狀符合的程度扣除。但學生團體保險在納保的時，因為沒有確認既有體況及疾病史的步驟，因此不存在拒保或是註明既有症狀為不賠事項的作法，僅能將既往症狀符合的部分從理賠申請中扣除。

109 年 8 月 1 日行政院發佈施行之「高級中等以下學校學生及教保服務機構幼兒團體保險條例」第 13 條已明確記載：「學生及幼兒參加本保險，於保險契約訂立時，已在疾病中者，保險人對是項疾病，負給付保險金之責任。」簡單的檢視條款內容，我們可以將它理解為，舉凡是「先天性疾病」、「遺傳型疾病」、

「罕見疾病」、「學齡前傷病」，這些非投保學生保險前即已造成學童身心遺存障礙的病症，就有機會申請到學生團體保險的保險金。

11 等級定義失能理賠金額比例

學生團體保險在學童「身障」這個區塊，有其專屬的理賠相關規定。「身障」也有人稱之為「殘廢」，但是「殘廢」這個用詞具有貶低人的含意，保險公司現在改以「失能」來表示「身體遺留有障礙」的意思。

在學生團體保險中總共有定義 80 個項次的不同失能表現，分別分佈在人體 9 個不同部位：1.神經、2.眼、3.耳、4.鼻、5.口、6.胸腹部臟器、7.軀幹、8.上肢、9.下肢，並以 11 個等級分別定義每個項次的失能嚴重程度所對應的理賠金額比例。

以下我們舉例讓讀者能更清楚瞭解，什麼樣的失能狀態可以申請到學生團體保險。

案例：「慢飛天使」遲緩兒，發展遲緩可能呈現在智慧、語言、肢體等方面，個案是一個兼具智慧及語言發展遲緩的小天使。

圓圓三歲進入幼兒園就讀時，老師發現圓圓可能是個「慢飛天使」，就有跟圓圓的父母提醒，要帶圓圓去醫院找專業的醫生評估是否確實有遲緩的症狀。結果經由醫生評估圓圓確診為發展遲緩兒，並須經常做早療復健。

當圓圓念小學的時候，學習上跟正常孩子的差異越來越明顯，老師又請圓圓爸爸媽媽帶圓圓去醫院評估是否有「智慧障礙」?結果圓圓評估出來確診符合中度智慧障礙的身障程度，因為圓圓的狀況導致必須改接受特殊教育，由更多的學校資源來協助圓圓學習成長，同時圓圓的爸爸媽媽也必須花更多的心思照顧圓圓，避免因為自己的疏忽導致終身的遺憾。

像是圓圓這樣的家庭在經濟上往往都是需要些協助的，因為雙親中總有一方必須隨時待命處理圓圓的突發狀況，很難維持雙薪家庭去維持家庭的開銷。這時，學生團體保險針對「失能」區塊的理賠就能補償圓圓這樣的個案，有機會申請到保險理賠 5 萬~100 萬不等。

保障項目	保障內容
身故	100 萬元
失能	依失能程度理賠不同金額，給付 5 萬 ~ 100 萬元 （失能程度分為十一個等級，第一級為最嚴重）
失能生活補助金	一級失能：每年 15 萬 ~ 30 萬元 二級失能：每年 11.25 萬 ~ 22.5 萬元
住院醫療	每事故最高給付 5 萬元
意外門診	每事故最高給付 5 千元
燒燙傷及須重建手術	每事故最高給付 3 萬元
集體中毒慰問金	集體中毒須住院者，每人給付 3,000 元
專案輔助重大手術	每事故最高給付 20 萬元 （本項目限符合保險費補助資格的學生）

理賠金額多寡的決定要素

理賠金額的不同主要就是取決於幾個要素：一、學前體況、二、現今失能體況、三、資料完整度、四、法規熟悉程度。保險理賠的申請就跟請律師打官司一樣，同樣一件事實，懂法律的律師，知道如何去「舉證」對於自己有利的證據，以及該引述哪一條法條，來爭取當事者的權益。但是我們回頭想想，為何當事人跟專業律師在處理上會產生不一樣的訴訟結果?

法律人中有一句話「舉證之所在，敗訴之所在」，申請保險理賠也是一樣的道理，同樣是中風的患者，為什麼有的人保險賠 50 萬，有的人保險只賠 10 萬，甚至不賠。你得瞭解不同病患間的體況差異程度，所對應的失能程度該是哪個項次等級，這邊的條款解讀就是理賠申請時的重點攻防戰。

領有身心障礙手冊的學童都有機會可以申請學生

團體保險的失能給付，因事故或是疾病(不論先天後天)導致身體遺留有後遺症，但是沒有身障手冊者，也不要喪氣，保險規章中並沒有定義申請失能給付必須具備「身心障礙手冊」，因此如果有上述事實的身障學童，也是可以透過這項保險爭取自己的權益。

5-2

就業保險—勞保與意外、失能權益

許多民眾辛苦一輩子，也保了一輩子的勞保，但實際上「保到用時方恨少」，在遇到不得以的事故時，申請到的權益理賠，卻僅有所付出的冰山一角。各位勞工可否想過：辛苦賺錢、養家餬口已是不易，若繳的保險費還不能夠確實得到該有的保障，那我們還不如把錢存在銀行還比較實在？

以下，就要跟大家分享最多人擁有且最普及攸關廣大就業勞工切身權益的「勞工保險」！

勞工保險的承辦業務與各項給付

勞保局所承辦的勞工相關保險的業務有兩項：1.勞工保險、2.就業保險。而勞工保險內總共包含五項業務：1.生育給付、2.老年給付、3.傷病給付、4.死亡給付、5.失能給付、6.職災醫療給付，另外還有失蹤津貼；就業保險則只有一項業務：失業給付。那勞工保險跟我們一般跟保險公司買的保險商品到底什麼不同呢？

勞保與商業壽險的不同認識

首先我們先來談談「勞工保險」，既然是「保險」，那就跟一般的人壽保險公司、產物保險公司所銷售的保險商品，在結構上是大同小異的。保險公司所販售的保單，主要由五點要素組成：1.主附約保險商品、2.保險範圍、3.保險終止的條件、4.除外責任、5.保險賠付標準及規定。其詳細內容如下：

大眾醫療保險

醫療保險主要保障受保人的住院醫療開支，屬實報實銷的保險，需每年續保，保費因應受保人的年齡而定，大眾醫療保險通常為個號保障項目設賠償上限，但入場保費門檻相對較低。

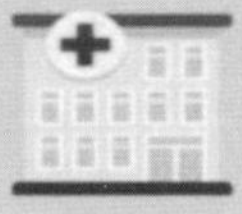

高端醫療保險

高端醫療保險通常有較高的每次住院，年度或終身保障額，但保費相對高。若消費者有公司醫療保險，可選擇設墊底費的計劃，減低保費。高端醫療保險也是實報實銷的，需每年續保，視乎受保人的年齡釐定保費。

終身危疾保險

終身危疾保險讓受保人得到嚴重疾病（如癌症、心臟病及中風）的保障，部分產品亦保障早期疾病及兒童疾病。受保人患上符合保單定義的疾病，便可到一筆賠償。終身危疾保險包含儲蓄（有保證及非保證回報成分），其保費通常是固定，於指定付款期內繳付。

儲蓄型人壽保險

儲蓄型人壽保險既有回報（包含保證及非保證回報）。亦有人壽保障（即身故賠償），當中各產品的定位不盡相同，有些著重保障，有些著重財富增值，但都保障至終身，而保費通常是固定，於指定付款期內繳付。

退休年金

退休年金產品的主要目的是對沖長壽風險，為退休生活自製長糧。延期年金的對象通常處於財富累積階段，受保人於指定時期付款，累積一段時間後，才獲派年金；即期年金為即將退休人士而設，他們通常於短時間內繳付大額保費，便即開始收取年金。

退定期人壽保險

定期人壽保險，又稱純人壽，重點是保障；於保障期內，若受保人不幸身故，受益人便可得到一筆的身故賠償。期保費較便宜，賠償倍數（槓桿）較高。但定期人壽的保障年齡及續保期有限制。

一般商業保險的產品種類

1. **主附約保險商品**：例如一個 20 年期的終身壽險，在主約其下綁一個附約，譬如傷害險、實支實付的醫療險、住院日額的醫療險…等等。而主約跟附約彼此之間是獨立存在的，投保人不會因為申請某項附約的給付，而影響到未來申請其他附約或是主約的理賠給付時，被扣除曾申請過的給付金額。

2. **保險範圍**：保險是一種商品，所以一定會有使用說明跟可以啟動理賠的條件，所以保險範圍就像是你購買商品的說明書。常有人以為買了保險就可以包山包海，任何情況全都有保障，這是不可能的，如果你的業務是用這種說法跟你推銷保單，麻煩您請盡早更換一個保險業務員，因為當有一天您發生事故，揭開理賠範圍的真相時，您將會發現這份保單與這位業務員不可告人的一面…。

說穿了，保險是一種商品，是為了賺錢目的才推出的，保險公司也不是慈善事業，所以絕對不會有任何一種保單可以包山包海，什麼都有保障，如果真有這種商品，那保險公司、勞保局早就一片哀鴻遍野了，所以保險一定會有一個啟動的原則。有個基本且簡單的觀念提供給大家：

- 保障範圍廣泛，但是理賠金額不高(相當樂透彩的普獎)
- 保障範圍狹小，但是一啟動，理賠金額都很高額(相當樂透彩的頭獎)

3. **保險終止的條件：**承第二點所述保險是一種商品，所以當理賠付的金額高於或等於這個商品的價值(可保障的風險)時，這項商品就算是功成身退了，那自然就不會再給你後續更多的賠付可能性。

【舉例來說】

壽險商品，一般民眾都認為死了才能賠，但是當被保險人的體況達到全殘時，其風險已經等同於死亡，因此這張保單賠付的金額，就等同於死亡時可以領到的保險金。試想，我們將一個保單契約視為一個存款帳戶，裡面存的一百萬已經全數領出來了，這個帳戶還有存在的價值嗎?所以當這樣的情況發生時，我們就稱為這個保險已經達到其終止的條件，保險契約終止，這張保單自然也就不存在了。

4. **除外責任**：同樣的道理，除外責任就是避開一些高風險行為，可能導致這張保單容易啟動，或是故意被啟動的情況發生而設定的，有些被保險人過去曾有的既有病症，如果保險公司依然同意承保，也就有機會以批註除外的方式，不再納保既有病症可能造成的風險。

5. **保險賠付標準及規定**：不同的保險商品、主、附約商品，所理賠的項目都不盡相同，因此保單裡面一定會有明文記載賠付的標準跟規定。發生保險事故時，這張保單是否能夠啟動，可以理賠多少金額，就是以條款所述賠償。因此買保險不要只是價錢可接受，就傻傻的簽名蓋章，每份保單都一定先跟業務員要求要確認保單條款內容。賺錢不容易，請先確認保障內容確實如業務員所述，也確實符合你的保障需求再簽名蓋章，否則您就是自己把自己的權益賣掉的罪魁禍首！

在看懂上述的保險基本架構後，我們就切回主題，帶各位一覽勞工保險的各項權益。

勞工保險的各項給付

	普通事故	職業災害
生育給付	✓	×
傷病給付	✓	✓
失能給付	✓	✓
老年給付	✓	×
死亡給付	✓	✓ (含失蹤津貼)
醫療給付	×	✓

勞保給付項目一覽

一、生育給付：

- 保險範圍：正常分娩，投保 280 天以上者；早產，投保 181 天以上者。
- 保險終止的條件：不具備以勞動力取得報酬的勞工身分，因而退保者。

- 保險賠付標準：以保險事件發生前六個月平均薪資給付兩個月，不只一胎時，按比例增給。

勞保生育給付	
請領資格	**給付標準**
在保險有效期間內，投保一定日數的分娩、流產或早產。	按分娩或早當月前 6 個月月投保薪資，一次給付 60 天（雙胞胎按比例增給）。

二、傷病給付：

- 保險範圍：分為普通傷病及職災傷病兩種狀況，普通傷病者：於「住院期間」沒有拿到原有薪資者；職災傷病者：於「不能工作期間」沒有拿到原有薪資者。

➢ 保險終止的條件：不具備以勞動力取得報酬的勞工身分，因而退保者。

➢ 保險賠付標準及規定：

普通傷病者：於「住院期間」沒有拿到原有薪資者第四天開始給付半薪，最長給付一年。

職災傷病者：於「不能工作期間」沒有拿到原有薪資者第四天開始給付，第一年給付 70%薪、第二年給付半薪，最長給付二年。

勞保傷病給付		
	普通	**職災**
請領資格	遭受普通傷害或罹患普通疾病，因住院診療不能工作，而未取得原有薪資。	因執行職務而致傷害，或罹患職業病，經門診或住院治療而「全日」不能工作未取得原有薪資。
給付標準	從住院第 4 天起，按日以月投保薪資 50%發放，最高可給 1 年。	從住院第 4 天起，第 1 年內按日以月投保薪資 70%發放，第 2 年按日以月投保薪資 50%發放，最高可給 2 年。

三、失能給付：

- 保險範圍：經一定治療期間，仍遺存身體機能障礙者，經醫療院所認定，再行治療亦無法期待治療效果，永久失能者。

- 保險終止的條件：不具備以勞動力取得報酬的勞工身分，因而退保者。

- 保險賠付標準及規定：

  失能等級共 15 個等級、失能項次有 219 個項次，若為職災傷害或職業病所致失能者，增加 50% 給付。

- 給付方式：平均投保日薪(投保月薪/30 天) × 失能等級對應理賠天數。

第一失能等級：1200 天

第二失能等級：1000 天

第三失能等級： 840 天

第四失能等級： 740 天

第五失能等級： 640 天

第六失能等級： 540 天

第七失能等級： 440 天

第八失能等級： 360 天

第九失能等級： 280 天

第十失能等級： 220 天

第十一失能等級：160 天

第十二失能等級：100 天

第十三失能等級： 60 天

第十四失能等級： 40 天

第十五失能等級： 30 天

勞保失能給付		
	普通	職災
請領資格	遭遇傷害或罹患疾病，治療後症狀固定，經全民健保特約醫院診斷為永久失能，並符合勞工保險失能給付標準。 終身無工作能力者：可選擇「失能一次金（民國98年1月1日前有年資）」者或「失能年金」。	因未達終身無工作能力者：失能一次金。
給付標準	失能年金（＝平均月投保薪資×年資×1.55%，最低保障4,000元），有符合修件眷屬者，並發眷屬補助（＝每1人加發25%，最多加發50%） 失能一次金=依等級發給（最低第15級，發30日，最高第1級，發給1,200日，最高給付1,200日）。	失能年金（＝平均月投保薪資×年資×1.55%，最低保障4,000元），確定「終身無工作能力者」，再加發「20個月職災失能補償一次金」，有符合修件眷屬者，加發眷屬補助（＝每1人加發25%，最多加發50%） 失能一次金=依等級發給（最低第15級，發45日，最高第1級，發給1,800日，最高給付1,800日）。

四、老年給付：

- 保險範圍：98 年 1 月 1 日以前曾有勞保者，可選擇「一次領取老年給付」或「老年年金」。但非屬前述者，僅能依規定申請「老年年金」、「老年一次金」。

- 保險終止的條件：不具備以勞動力取得報酬的勞工身分，因而退保者。

- 保險賠付標準及規定：

1. 老年年金：

平均月投保薪資 × 所得替代率 × 年資×(1±4%×年數)

請領規定：年資須滿十五年以上者。

46 年次以前出生者，60 歲可請領(最多提早/延後五年請領)

47 年次以前出生者，61 歲可請領(最多提早/延後五年請領)

48 年次以前出生者，62 歲可請領(最多提早/延後五年請領)

49 年次以前出生者，63 歲可請領(最多提早/延後五年請領)

50 年次以前出生者，64 歲可請領(最多提早/延後五年請領)

51 年次以前出生者，65 歲可請領(最多提早/延後五年請領)

2. 老年一次金：

平均月投保薪資 × 年資

請領規定：

年資未滿十五年者，僅能一次領取老年給付，不得領取年金。

3. 一次領取老年給付：

平均月投保薪資 × 基數

平均薪資：最後三年月投保薪資平均。

基數：第 1~15 年年資 ×1 倍基數；

第 16~30 年年資 ×2 倍基數，

60 歲以前最多 45 個基數，

60 歲以後最多增至 50 個基數。

請領規定：

年資滿一年以上，未滿十五年者：男性 60 歲、女性 55 歲

年資滿十五年以上者：男性 55 歲、女性 55 歲

同一投保單位年資滿 25 年者：男女不限年齡

不同投保單位年資合計滿 25 年者：男性 50 歲、女性 50 歲

勞保老年給付		
	請領資格	給付標準
老年年金	年滿 60 歲(至民國 107 年,起逐步調高到 65 歲),保險年資合計滿 15 年;或擔任特殊危險工作年資合計滿 15 年,年滿 55 歲。	依下列方式擇優給付: (1) 平均月投保薪資×年資×0.775%+3000 元 (2) 平均月投保薪資×年資×1.55%
老年一次金	年滿 60 歲,保險年資合計不滿 15 年者。	年資每滿 1 年,按加保期間最高 60 個月平均月投保薪資,發給一個月(超過 60 歲之後年資最多以 5 年計)
一次請領老年給付	民國 98 年 1 月 1 日前有年資,且離職退保時,符合一定規定者。	按退保當月起前 3 年平均月投保薪資,發給一個月;超過 15 年部分,每滿 1 年發給 1 個月,最高以 45 個月為限(超過 60 歲之後年資最多以 5 年計,但合併 60 歲前的老年給付,最高以 50 個月為限)

四、死亡給付：

- 保險範圍：98 年 1 月 1 日以前曾有勞保者，有遺屬津貼。但非屬前述者，僅能依規定申請喪葬津貼。
- 保險終止的條件：不具備以勞動力取得報酬的勞工身分，因而退保者。
- 保險賠付標準及規定：

遺屬津貼：

被保險人年資未滿一年者：10 個月平均薪資。

被保險人年資一年以上未滿二年者：20 個月平均薪資。

被保險人年資二年以上者：30 個月平均薪資。

被保險人因職災死亡者：40 個月平均薪資。

喪葬津貼：

支出殯葬費之人符合遺屬津貼者，請領 5 個月；非前述者，請領 10 個月。

勞保死亡給付		
	請領資格	給付標準
遺屬年金	被保險人加保期間死亡	(1) 平均月投保薪資×年資×1.55%，最低保障3000元 (2) 按「前6個月」平均月投保薪資發給5個月的喪葬津貼(遺屬不符合請領遺屬年金或遺屬津貼條件，或無遺屬者，發給10個月的喪葬津貼) (3) 因職災再加發「10月」的災補償一次金。
	在領取老年年金或失能年金給付期間死亡	在以下擇一領取： (1) 差額給付：一次請領失能給付，或老年給付扣除已領年金給付總額的差額（限民國98年1月1日有年資者） (2) 遺屬年金：依失能或老年年金給付標準計算後金額×50%，最低保障3000元。
	保險年資滿15年，符合「一次請領老年給付」資格，並在未領取老年給付前死亡	在以下擇一領取： (1) 遺屬年金：依失能或老年年金給付標準計算後金額×50%，最低保障3000元。 (2) 一次請領老年給付（限民國98年1月1日前有年資者）

失蹤津貼	特殊職業失蹤者	按失蹤當月前 6 個月平均月投保薪資 70%給付，在每滿 3 個月末給付 1 次，至生還、失蹤滿 1 年，或受死亡宣告判決確定的前一天止。
遺屬津貼	民國 98 年 1 月 1 日前有年資者	普通傷病死亡： 年資未滿 1 年，發給 10 個月 滿 1-2 年，發給 20 個月 滿 2 年，發給 30 個月 職災傷病死亡：發給 40 個月
家屬死亡給付	被保險人父母、配偶或子女死亡時	父母或配偶死亡：發給 3 個月 年滿 12 歲子女死亡：發給 2.5 個月 未滿 12 歲子女死亡：發給 1.5 個月

意外險，保險事故的理賠需知

人生難免發生各種意外，多數人會用意外險轉嫁，但你真正瞭解保險公司對「意外」的定義嗎？人生難免發生各種意外，多數人會用意外險轉嫁，但你真正瞭解保險公司對「意外」的定義嗎？其實，意外險須涵蓋 3 要素，而且缺一不可，包括突發、外來造成及非疾病，若非這 3 要素引起的身故、失能，無法申請理賠。民眾在投保意外險前要搞清楚，因為這是攸關理賠與否的關鍵。

2009 年，有 20 年路跑經驗的第一銀行西門分行副理諶錫欽參加馬拉松賽，抵達終點時突然倒地猝死，保險公司認定他故意挑戰體能極限，因此拒絕理賠。這是近年路跑猝死引發保險糾紛的知名案例，後來家屬上法院討公道，保險公司被判須理賠。

意外險糾紛頻傳，特別是老人家跌倒的事故，更是經常讓保戶與保險公司上演拉鋸戰。就像陳先生，為父親買了 1 年期的意外險，但某天高齡 70 歲的爸爸外出散步，因跌倒後輕微中風想申請理賠，卻得到壽險公司回覆說需要調查，目的是要釐清是因跌倒才造成輕微中風？還是陳爸爸之前就有疾病而引發中風？

意外險投保必知　不理賠除外責任

1. 故意行為，如酒駕、自殺、吸毒
2. 從事高危險活動，如角力、摔角、柔道、空手道、跆拳道、馬術、拳擊、特技表演、機車或汽車或自行車競賽
3. 犯罪
4. 戰爭

意外險定義 須符合 3 要素

而事實上，包括慢跑猝死、登山受傷、開車閃神車禍、老人在浴室滑倒或是在外跌倒骨折等，都是經常發生的意外狀況，而意外險是保險規劃的基本配備，發生意外卻無法申請理賠，確實讓人無言。

專精理賠與保險法令解析的壽險公會副祕書長金憶惠則解釋，所有糾紛得回歸意外險定義：必須符合突發、外來造成、非疾病等 3 要素，「因為意外險是保障『意外』造成的身故、失能與相關醫療理賠，因此只要是意外事件，都能申請理賠，但若因疾病或故意行為而導致，則不會理賠。」

財團法人金融消費評議中心教育宣導企劃處組長陳容盟說，從金融消費評議案件統計，意外險常見理賠爭議有「事故發生原因認定」「失能認定」「違反告知義務」及「續保爭議」等。

常見意外險理賠疑問和保險公司處理方式

常見問題	處理方式
看中醫能申請理賠嗎？	►凡符合健保體系的中醫診所皆能申請理賠 ►國術館、接骨師傅和民俗療法不行
中醫自費的部分，能申請理賠嗎？	►可以，但各保險公司會依據自家意外險條款規定，採取比例給付，如自費額的7折或6折
開車閃神車禍，能理賠嗎？	►非酒駕或吸毒的犯罪行為者，都能獲得理賠 ►非故意者
老人骨折，能理賠嗎？	►需符合意外事件定義才能理賠 ►骨質疏鬆造成的骨折不賠 ►同一部位第2次骨折傾向不賠

資料來源：各保險公司

過去，意外險對失能等級的認定標準模糊，金管會因此在 2015 年 8 月頒布新標準。金管會保險局副局長施瓊華說，現行失能等級，共分 11 級 79 項，讓失能標準和定義更明確，同時，也新增失能等級的理賠金額，對民眾有利。

針對意外險常見理賠爭議，以下透過實際個案，讓民眾一窺究竟，同時確保自身權益。

【案例一】意外或疾病

診斷證明是關鍵糾紛狀況：2009 年第一銀行西門分行副理諶錫欽在參加馬拉松時意外猝死，由於當時 54 歲的他正值壯年，加上已有 20 多年路跑經驗，讓人錯愕，家人向承保的保險公司申請團體意外險身故理賠金，卻被保險公司認定諶錫欽是故意挑戰體能極限，且死因為心臟病導致心因性猝死，非意外死亡，拒絕理賠。

法院判決結果：

根據醫院鑑定報告指出，諶錫欽過去無心臟病史，且有多年路跑經驗，此次路跑猝死是因為熱衰竭的外來因素導致，符合 1 年期團體意外險保障的「外來性、突發性」致意外死亡狀況，所以保險公司需理賠意外身故保險金 1 千萬元。

保戶必知：

針對此糾紛，主要有 2 大重點需釐清：

1. 身故死亡須認定究竟是外來因素造成？還是保戶自身既有疾病導致？保險公司理賠主管表示，理賠判斷主要是根據醫院診斷證明，一旦保戶曾有病史，在理賠認定方面就會被推斷為疾病導致，不符合意外險理賠資格。另外，無論是路跑、參加馬拉松或爬山等活動，意外險賠不賠的關鍵是保戶本身是否有疾病。
2. 是保戶故意行為造成？還是突發外來？捷安達保經公司董事長吳鴻麟分析，過去常見買高額又多家投保，並設計故意弄斷手指、瞎眼，甚至詐死，來騙取高額理賠金的社會案件。以此案例來說，保險公司要釐清是否為當事人故意挑戰體能極限。而最後法院認定，諶姓保戶心臟心因性猝死，屬激烈運動後造成的併發症，非個人故意造成，也就是因果關係屬意外。

【案例二】申請失能理賠

釐清等級認定糾紛狀況：林先生指著自己的右腳膝蓋及腳踝說：「2012 年車禍和 2014 年跌倒，讓我右膝和右腳踝受傷，直到現在都留有後遺症。」但林先生在 2014 年向壽險公司申請第 8 級失能理賠，卻遭拒賠。

評議結果：

林先生投保終身壽險並附加意外險附約、骨折給付附約。據林先生病歷，就醫當時以冰敷和石膏固定治療，之後門診治療也是冰敷和肌力訓練為主，右膝和右腳踝沒有鋼釘植入，也沒有紀錄傷及神經系統，不符合第 8 級失能「一下肢髖、膝及足踝關節中，有 2 大關節永久遺存顯著運動障害者」規定。經金融消費評議後，不予理賠。

保戶必知：

吳鴻麟指出，林先生申請的失能理賠，屬失能程度認定的「下肢機能障害」部分，根據規定，一下肢髖、膝及足踝關節中，有 2 大關節永久遺存顯著運動障害者才予以理賠。所謂「顯著運動障害」，保單條款明訂要喪失生理運動範圍達 1/2 以上，換言之，經醫生認定不能活動達 180 度才符合。

林先生右膝和右腳踝並沒有達到不能活動範圍的 1/2 規定，所以主張的理賠金額遭拒。大型壽險公司理賠主管提醒，失能資格必須是從事故發生日的「6 個月內」，經醫院確認後符合失能等級認定，壽險公司才會理賠。若超過 6 個月則須提出證明，確認失能是因意外事件造成，有直接相關的因果關係。

理賠主管說，保戶一定要瞭解意外險失能程度的定義與標準，同時也應知道「6 個月」的時間重要性，才能順利申請意外險理賠。

【案例三】換工作或兼差

14 天內告知糾紛狀況：李先生在一家電腦通訊店上班，主要工作為運送電子零件和電腦維修，公司則為所有員工提供 1 年期的團體意外險保障，投保職業別屬於「第 2 類」外勤業務。但李先生為增加收入，到基隆港碼頭擔任輸送管安裝吊掛的兼差工作，結果在兼差時遭到上方掉落的固定板擊中，造成胸椎骨折合併脊髓損傷，且下肢癱瘓，需專人照顧，終身無法工作。李先生家人向投保的團體意外險公司申請意外全殘理賠，卻遭拒絕。

評議結果：

電腦通訊公司為李先生投保的 1 年期團體意外險，在職業等級上屬於風險不高的第 2 類職業。而李先生到基隆港碼頭兼差，卻為職業等級屬最高風險的第 6 類，且沒有主動告知壽險公司，並且是在兼差時受傷導致重殘。

據團體 1 年定期傷害保險契約第 14 條約定：被保險人（指李先生）變更其職業或職務時，要保人（指公司）或被保險人應即時以書面通知壽險公司。但李先生所變更的職業或職務，依照保險公司職業分類在拒保範圍。

由於李先生是兼差受傷，超出團體意外險保障範圍，且擔任港口碼頭輸送管安裝的工作，又是保險公司不承保的高風險職業，加上沒有主動通知職業變更，因此評議不賠。

保戶必知：

意外險保障主要根據職業別區分，李先生的案例凸顯民眾轉換工作或兼差時職業風險已變更，卻疏於通知保險公司，因而產生不理賠情況。

大型壽險公司主管提醒，意外險的投保多以第 1 至第 4 類的職業為主，數字愈大，職業風險等級愈高，保費也愈貴。而第 5 類及第 6 類都被保險公司列為「高危險」工作，如第 5 類的刑警、裝配修理工、戶外招牌裝設人員等；第 6 類則有技師、鐵路水電工、消防隊員等。甚至有些行業被拒保，包括爆破人員、潛水員、戰地記者、特技演員、特種行業服務員等。

金憶惠指出， 若民眾轉換工作，且有變更職業風險類別，一定要在「14 天內」主動告知保險公司，如從第 1 類的內勤工作變成第 2 類外勤工作，因為風險增加了，保費也會變高。若沒有主動告知，一旦發生意外，容易遇到減額理賠。

投保意外險的不同職業等級

第 1 類內勤行政：內勤人員、醫生、家庭主婦

第 2 類外勤業務：農夫、外勤人員、外務人員

第 3 類技術指導：獸醫、軍人、護士

第 4 類現場操作：工人、水電工、板模工

第 5 類高危險：刑警、裝配修理工、戶外招牌裝設人員、電力工程架設人員、加油站管線維修

第 6 類高危險：技師、鐵路水電工、礦業、消防隊員、員警特勤小組

拒保類超級危險：特種行業服務員、爆竹製作員、潛水員、核廢料處理人員、海上油汙處理員

失能險，理賠取決必需之「要件」

「如果當初有失能險，我們平均每月 4~5 萬的醫療和照顧開銷不是問題。」一位台中的女保經，網路上 po 文爺爺成為漸凍人的切身之痛，造成 4 個家庭經濟、照護分工，心力交瘁產生爭吵，眼睜睜看他過世前：「爺爺受苦還自責自己成為負擔。」

失能險，就是當我們符合「失能條件」，無法正常生活，需要他人照顧，可以得一次性或按月理賠的保險金，可以補貼失能後，生活最重的負擔：長期看護費用+不能工作的損失，它像是意外險和癌症險的綜合，曾有保險業者在媒體揭露：有 6 成都是賠給癌症病人。

關於失能險理賠金理賠，通常分為 4 項：失能保險金、失能扶助金、復健補償金(有些保險公司無)、豁免保費(有些保險公司無)，而以有「保證給付」+「無等待期」為前提，理賠金額提供以下參考：

失能險理賠金區分

	特性	金額 (30 歲女性辦公族，10 年期保額 100 萬計算)
失能保險金	一次性給付	100 萬
失能扶助金 (有「保證給付」)	定期給付按月或按年各家保險公司不同，「保證給付」有 120~240 個月的差異	每月 2 萬
復健補償金	一次性給付	10 萬
豁免保費	1~6 級失能程度	豁免保費

某45歲企業經理人，出現四肢無力情況，以為中風就醫，復健2個月無效，換醫院檢查才發現是腦瘤，他是家中不能倒的支柱，孩子還年幼，接受開顱手術卻造成右手腳癱瘓，而且認知能力下降，只聽懂片段，於是請領失能險，術後6個月經醫師診斷後，審定為2級失能，他所保的失能險，是每月扶助生賠5萬，保證給付15年(180個月)，但他只領了2年後去世，就是已領5萬×12個月×2年=120萬，剩下的13年未領，5萬×12個月×13年=780萬，就會給受益人，代替他照顧老婆、稚子。

從上例可知失能險有「保證給付」這一項到底有多重要。有資深保險主管談論，失能險本質是為了保障「需要他人照顧」、「失能下的生活開銷」，起初為了比較好賣，而加上了「保證給付」功能，但國外承接台灣失能險的再保公司：德商漢諾威、慕尼克和法國中央再保險公司(CCR)，因為理賠損失持續擴大，其中 1 家再保公司，在 2018 年 9 月就通知各壽險公司，自 2019 年 1 月起，不再接受「保證給付」失能險新契約的再保業務，所以全面調高「既有」失能險保單的再保費率 30%到 50%、並提高「標準體」才可以投保附有「等待期」門檻條件的失能險，因此造成當時部分壽險公司許多附有「保證給付」的失能保單陸續停售，一時還引發當時的一波搶購。

失能險的「保證給付」，可以讓我們(被保險人)被認定失能時，不管生存或身故，保險公司都要依約賠滿 180 個月「失能扶助金」(120~200 個月，大多保險公司是 180 個月)，如果被保人生存，受益的就是我們，如果被保人身故，未領完這筆錢的受益人，就是最愛的家人，指定或是法定繼承人，因此，可視為是一種壽險功能。

失能扶助金的給付條件

	差異	情境
保證給付 (如有等待期，需過等待期才符合理賠修件)	不論生存或身故都賠剩餘未付的年數，遺愛給家人	腦瘤手術失敗認定癱瘓，只領 24 個月去世，剩餘(180 個月-24 個月 =156 個月) 未領的可賠給最愛的家人
無保證給付	生存才賠給付的年數	腦瘤手術失敗認定癱瘓，長達 20 年仍生存

但是要獲得「保證給付」，還要看有沒有「等待期」，才能如期把沒領完的保險金遺愛家人。如果是「無等待期」這條件，對保戶而言是有利的，但對保

險公司而言，任何瀕死而失能的人都賠，恐怕保險公司會賠到關了。

匿名社群平臺 Dcard 有屏東大學女生分享父親胃癌末期，不能平復的心情：「他們怪我爸活不夠久、不符合 6 個月。」她們向保險公司爭取賠償：「我爸的確是失能，醫生的診斷書也有註明。」卻無法獲得 180 個月，剩餘月份的理賠金，保險公司理賠人員表示：「保單條款是要 6 個月治療後，症狀固定。」這 6 個月正是「等待期」，而「症狀固定」指的是：「因某疾病或意外，導致身體功能喪失，需要有人照顧，卻又可以活很久。」加上癌父偶爾失禁卻不需灌腸，所以巴氏量表還有 10 分。

類似案件送評議中心的，不在少數。所以購買失能險前，一定要先評估各家保險公司，條款裡的條件，是否較適合自己。以下是對保戶而言較有利的項目：

1. 保證給付
2. 無等待期(如果有等待期，就要活過 6 個月才能領)
3. 1-11 級殘豁免(第 1 級最嚴重，11 級相較最不嚴重，理賠範圍較大)
4. 提前提領
5. 保證續保
6. 殘扶金不打折(如果沒有，按第 1 級可賠 100%，11 級只賠到 5%)
7. 含重大燒燙傷
8. 意外加倍

對保戶而言，較不利項目為：

1. 不還本(但保費相較便宜)
2. 1-9 級殘豁免(相較 1~11 級嚴苛，理賠範圍較小)
3. 1-6 級殘豁免(相較 1~9 級更苛，理賠範圍最小)

「羊毛出在羊身上。」沒有一間保險公司，能用低的保費，同時達成以上 8 項，所以各家商品的內容條件，需要慎重考慮配搭，而不是一句：「我已經有保失能險了」，卻不清楚其中的理賠條件。

5-3 強制險是什麼?

強制汽車責任保險係為政策性保險，強制車輛所有人均需投保。目的在於使交通事故之受害人能迅速獲得基本保障。

強制險保障範圍

強制汽車責任保險法所稱汽車交通事故，係指因使用或管理汽車致乘客或車外第三人傷害或死亡之事故。且不論車禍過失責任是在那一方，受害人或其遺屬都可向保險公司申請保險給付或向特別補償基金申請補償金。(但強制汽車責任保險法另有規定不得請求或請求時另有限制的情形，依該規定辦理)。

強制險給付範圍

強制汽車責任保險法規定的給付項目有傷害醫療費用給付、失能給付及死亡給付三種。

傷害醫療費用給付(每人)最高 20 萬元。

失能給付(每人)最高 200 萬元。

死亡定額給付(每人) 200 萬元。

強制險之死亡及失能給付

汽機車強制責任險之死亡給付為 200 萬元，提供因車禍中每一人 200 萬元身故理賠，如因車禍造成失能，依 1-15 級失能給付最高也是 200 萬元。

另外，還有 20 萬元的傷害醫療理賠，讓發生車禍的每個人，都至少能夠得到最基本的保障。

強制險醫療費用理賠內容

強制險傷害醫療給付最高 20 萬元，但不是一般所謂意外醫療的實支實付，而是分項理賠，每個項目都有不同分級的理賠上限。其中「非健保給付醫材」的醫療支出才是可實支實付的部分，強制險只規劃 2 萬元的額度為限；另外往返醫院或轉診的交通費上限也是 2 萬元，其他項目各有日額或不限額之規定，總計以最高 20 萬為理賠上限。

● 整理強制險醫療費理賠的內容包括：

1. 急救費用：例如搜救費用、隨車醫護人員之費用。
2. 診療費用：如病房費、膳食費、非健保給付醫材、義肢義眼義齒之材料及裝設費等自費醫療的部分。
3. 接送費用：受害者往返醫院、轉診或出院等交通費。
4. 看護費用：受害者住院期間的看護雇用費用。

附錄

（各類表單）

勞工保險 失能給付 申請書及給付收據

受理編號：　　　　　號　填表日期　　年　　月　　日　（填表前請詳閱背面說明）

被保險人					
姓名		出生日期	民國　年　月　日	身分證統一編號	
通訊地址	郵遞區號：□□□-□□□　電話：(　)　行動電話： 縣市　鄉鎮市區　村里　路街　段　巷弄　號　樓	前述地址為：(請勾選) □戶籍地址 □現地址		職務名稱	

保險事故

傷病類別：□1 職業傷害　□2 職業病　□3 普通傷害　□4 普通疾病

傷病發生日期：　年　月　日

註：申請職業傷害及普通傷害者，傷病發生日期為受傷發生日；申請職業病及普通疾病者，傷病發生日期為疾病確診日。

傷病類別勾選1職業傷害或2職業病者須填寫下列欄位（不得空白），如不敷填寫，請以另紙書寫。

請詳述實際工作內容暨職業傷病發生之時間、地點、治療經過及與執行職務間之具體因果關係（上下班或公出途中發生事故者，請另填具由本局印製之「上下班、公出途中發生事故而致傷害陳述書」）

受傷地點：＿＿＿＿　詳細地址：□同投保單位通訊地址　□其他：

如因化學物質所致傷害者，請填明化學物質名稱：

申請給付項目

本人申請失能給付，決定選擇依下列☑方式領取（請詳閱背面說明二規定）：

※請擇一勾選，如有更改請於更改處簽名或蓋章（須與本申請書簽名或蓋章相符）；經勞保局核付後，不得再變更。

※未勾選者，經審定未達失能給付標準附表「終身無工作能力」之項目，勞保局逕按一次金發給。

※經審定符合「終身無工作能力」之項目，或按月領取年金給付者，應自診斷永久失能之日退保。

1.□一次領取失能給付

2.□按月領取失能年金給付（如經審定符合失能給付標準附表「終身無工作能力」之項目，或經個別化專業評估為終身無工作能力，欲領取年金給付者，可選擇此項。領取年金給付，如有符合加發規定之配偶或子女者，應一併檢附「勞工保險失能年金加發眷屬補助申請書及給付收據」。）

申請金額：　　元（如無法核算，可不必填寫）

給付方式（※請擇一勾選）

‧‧‧‧‧‧請將申請人之存簿封面影本浮貼於背面‧‧‧‧‧‧

※所檢附之存簿封面影本應可清晰辨識，帳戶姓名須與申請人相符，以免無法入帳。

1、□匯入申請人在金融機構之存簿帳戶：＿＿＿＿銀行＿＿＿＿分行

總代號	帳號	金融機構存款帳號（分行別、科目、編號、檢查號碼）
□□□		□□□□□□□□□□□□□□

※金融機構存簿之總代號及帳號，請分別由左至右填寫完整，位數不足者，不須補零。

2、□匯入申請人在郵局之存簿帳戶：局號：□□□□□□-□　帳號：□□□□□□-□

3、□匯入申請人專戶：□請勞保局郵寄「開立專戶函」，申請人再至指定之金融機構開立專戶。

□檢附申請人已於土地銀行或郵局開立之勞保/國保/就保/勞退/農退專戶存簿封面影本。

※申請人因債務問題致帳戶有遭扣押之虞，可申請開立專戶，僅供存入保險給付且存款不會被扣押或強制執行。

以上各欄位均據實填寫且確定選擇上開勾選之申請給付項目，為審核給付需要，同意貴局可逕向衛生福利部中央健康保險署或其他有關機關團體調閱相關資料。如有溢領之保險給付，依照勞工保險條例第29條第4項規定，得以本人或受益人請領之保險給付扣減之。

被保險人簽名或蓋章：＿＿＿＿＿＿＿（本人正楷親簽）

投保單位證明欄

上列各項經查明屬實，特此證明。（被保險人診斷永久失能時已退保者，本欄得免予蓋章）

勞工保險證號：＿＿＿＿＿＿　單位名稱：＿＿＿＿＿＿

負責人：＿＿＿＿＿＿　經辦人：＿＿＿＿＿＿

電話：(　)＿＿＿＿＿＿　地址：＿＿＿＿＿＿

（單位印章）

※申請手續請洽投保單位辦理，免費又方便，無須委由他人代辦，各項欄位請覈實填寫，如有偽造、詐欺等不法行為者，將移送司法機關辦理，如有疑義請電洽本局(電話：02-23961266 轉分機 2250)。

※勞工保險失能給付標準相關法規，可至勞動部勞工保險局全球資訊網 https://www.bli.gov.tw 查詢。

※郵寄或送件地址：100232 臺北市中正區羅斯福路1段4號「勞動部勞工保險局」收。

110.4

請將「存簿封面影本」浮貼於下方(可覆蓋於說明之上)

請領失能給付說明

一、請領資格：被保險人遭遇傷害或罹患疾病，經治療後，症狀固定，再行治療仍不能期待其治療效果，經全民健康保險特約醫院診斷為永久失能，並符合失能給付標準規定者。

二、請領方式：

（一）**失能年金給付：**

1. 被保險人如因傷病符合失能給付標準或為身心障礙者權益保障法所定之身心障礙，且經評估為終身無工作能力者(即符合下列規定之一者)，得請領失能年金給付。
   ①經審定失能狀態符合失能給付標準附表所定失能狀態列有「終身無工作能力」者。
   ②經審定失能程度符合第1至7等級，並經個別化專業評估工作能力減損達70%以上，且無法返回職場者。
2. 請領失能年金給付者，同時有符合勞工保險條例第54條之2之配偶或子女時，得申請加發眷屬補助。

（二）**一次請領失能給付：**

1. 失能狀態符合失能給付標準，但未達「終身無工作能力」之給付項目者，得一次請領失能給付。
2. 失能狀態符合「終身無工作能力」之給付項目者，如於98年1月1日前已有保險年資，得選擇一次請領失能給付。

※經審定失能狀態符合「終身無工作能力」之給付項目者，或請領「失能年金給付」者，應自診斷永久失能之日退保。

※失能年金個別化專業評估機制流程說明

被保險人因傷病經治療後症狀固定，遺存永久性失能，檢具失能給付申請書及給付收據、就診醫師出具之失能診斷書送勞保局申請失能年金給付

⇩

經審查失能程度符合第1至7等級，已無法返回職場，惟不符合「終身無工作能力」項目者，勞保局洽調醫院病歷，並另函請被保險人補具職業別及工作內容說明

⇩

勞保局將蒐集之上述評估資料交由受委託醫院指派評估醫師會同專科醫師、物理治療師、職能治療師、臨床心理師或語言治療師等專業人員組成團隊，評估被保險人之工作能力

⇩

評估結果工作能力減損達70%以上者	評估結果工作能力減損未達70%者
⇩	⇩
核發失能年金給付並自診斷永久失能之日退保	**核發失能一次金給付**

三、給付標準：

（一）**平均月投保薪資：**

1. 失能年金給付：按被保險人加保期間最高60個月之月投保薪資平均計算；參加保險未滿5年者，按其實際投保年資之月投保薪資平均計算。
2. 一次請領失能給付及職業傷病失能補償一次金：按被保險人診斷實際永久失能日之當月起前6個月之實際月投保薪資計算。

（二）**失能年金給付：**

1. 勞工保險失能年金給付依被保險人之保險年資合計每滿1年，按其平均月投保薪資之1.55%計算發給。
2. 前述計算後之給付金額不足新臺幣4,000元者，按新臺幣4,000元發給。
3. 被保險人具有國民年金保險年資者，已繳納保險費之年資每滿1年按其國民年金保險之月投保金額1.3%計算發給。
4. 被保險人合併勞工保險失能年金給付及國民年金保險身心障礙年金給付後，所得金額不足新臺幣4,000元者，按新臺幣4,000元發給。
5. 被保險人遭遇職業傷害或罹患職業病者，另按其平均月投保薪資，一次發給20個月職業傷病失能補償一次金。
6. 請領失能年金給付者，同時有符合勞工保險條例第54條之2之配偶或子女時，每1人加發依前述（二）1.規定計算後金額25%之眷屬補助，最多加計50%。

（三）**失能一次金給付：**

勞工保險失能一次金給付按被保險人之平均月投保薪資，依失能給付標準規定之給付等級日數計算發給。被保險人遭遇職業傷害或罹患職業病者，另按其平均月投保薪資，依規定之給付標準增給50%。

四、請領手續：

（一）被保險人請領失能給付，應提具下列書據證件：

1. **勞工保險失能給付申請書及給付收據。**
2. **勞工保險失能診斷書。**(空白用紙請逕洽勞保局總局1樓服務台、各地辦事處或勞保局02-23961266轉分機3666「綜合索表組」索取)
3. 經醫學檢查者，附檢查報告及相關影像圖片。

（二）前項勞工保險失能診斷書由醫院開具後五日內逕寄勞保局，請將「**勞工保險失能診斷書逕寄勞動部勞工保險局證明書**」連同「勞工保險失能給付申請書及給付收據」及相關檢查報告等，交由投保單位辦理請領保險給付手續。被保險人診斷永久失能時已退保者，得自行申請。

※被保險人請領失能給付應備齊失能給付申請書及失能診斷書，如缺漏其一者，本局無從受理審核。

五、請領期限：領取失能給付之請求權，自得請領之日起，因5年間不行使而消滅(101年12月21日修正施行)。

六、附　　註：

（一）被保險人欲以匯至國外金融機構帳戶方式領取失能給付（含年金）時，須自行負擔國外匯費(匯費以各國內匯款金融機構收費標準為依據)，並(按月)自被保險人應領取之失能給付金額中扣除。

（二）領取年金給付者不符合給付條件或死亡時，本人或其法定繼承人應自事實發生之日起30日內，檢具相關文件資料通知勞保局，自事實發生之次月起停止發給年金給付。如未依前述規定通知勞保局致溢領年金給付者，勞保局應以書面命溢領人於30日內繳還，勞保局並得自匯發年金給付帳戶餘額中追回溢領之年金給付。

（三）如因債務問題致帳戶有遭扣押之虞，無法提供一般金融機構帳戶者，可依勞工保險條例第29條規定向勞保局申請於金融機構開立專戶，存入之保險給付將不得作為抵銷、扣押、供擔保或強制執行之標的。

勞工保險 傷病給付 申請書及給付收據

※無須檢附醫療費用收據
（填表前請詳閱背面說明）

受理編號：　-　-21-

填表日期　　年　　月　　日

被保險人

姓名		出生日期	民國　　年　　月　　日	身分證號(居留證或護照號碼)	

郵遞區號：□□□-□□□
通訊地址：
行動電話：
電　　話：

□申請普通傷病者，核付後同意以簡訊通知，不寄送紙本核定函。
□申請普通傷病者如經審查需補正書表時，僅通知被保險人補正。(註：如未勾選，則通知投保單位及被保險人雙方，請單位協助行補正書表手續。)

保險事故

傷病類別：□1 職業傷害□2 職業病□3 普通傷害□4 普通疾病

傷病發生日期：　　年　　月　　日
註：申請職業傷害及普通傷害者，傷病發生日期為受傷發生日；申請職業病者，傷病發生日期為疾病確診日；申請普通疾病者，傷病發生日期為住院之第1日。

申請因傷病全日不能工作期間及日數(※已恢復工作期間，請勿提出申請以免觸法)
自　　年　　月　　日至　　年　　月　　日 □連續期間(註：申請連續期間者，不需統計日數)
□斷續期間，共計　　日不能工作

被保險人因傷病全日不能工作期間取得薪資(或報酬)情形
□1.未取得任何薪資或報酬
□2.全日不能工作期間取得部分薪資或報酬
□3.已取得原有薪資或報酬（如請下列假別者請勾填：□特休假□排休 □彈性假 □輪休假 □加班補休)
□4.已依勞動基準法第59條取得職災補償

申請職業傷害或職業病者，請詳填下列欄位(如不敷填寫可另紙書寫並簽章)
1.傷害類型：□執行職務 □上下班事故 □公出事故 □其他________
2.實際工作內容：
3.受傷時間及地點：□上午 □下午　時　分於何處：________ 詳細地址：□同投保單位通訊地址 □其他：________
4.受傷原因及經過：
5.如因化學物質所致傷害者，請填明化學物質名稱：
6.如為公出請再填明至何地從事何工作致事故：

※上下班或公出途中發生事故者請另填具「上下班、公出途中發生事故而致傷害陳述書」及檢附被保險人駕照影本。
※職業工會及漁會被保險人發生事故，請檢送雇主（業主）及目擊者證明書，俾憑審核。

給付方式（請勾選一項）

……………請將申請人之存簿封面影本浮貼於此處………

※一、金融機構（不含郵局）及分支機構名稱請完整填寫，存簿之總代號及帳號，請分別由左至右填寫完整，位數不足者，不須補零。
二、所檢附金融機構或郵局之存簿封面影本應可清晰辨識，帳戶姓名須與本局加保資料相符，以免無法入帳。

1.□匯入申請人在金融機構之存簿帳戶：
金融機構名稱：________銀行________分行　總代號：□□□　帳號：金融機構存款帳號(分行別、科目、編號、檢查號碼)

2.□匯入申請人在郵局之存簿帳戶 局號：□□□□□□□　帳號：□□□□□□□

3.□匯入申請人專戶：□請勞保局郵寄「開立專戶函」，申請人再至指定之金融機構開立專戶。
□檢附申請人已於土地銀行或郵局開立之勞保/國保/就保/勞退/農退專戶存簿封面影本。
※申請人因債務問題致帳戶有遭扣押之虞，可申請開立專戶，僅供存入保險給付且存款不會被扣押或強制執行。

以上各欄位均據實填寫，為審核給付需要，同意 貴局可逕向衛生福利部中央健康保險署或其他有關機關團體調閱相關資料。如有溢領之保險給付，依照勞工保險條例第29條第4項規定，得以本人或受益人請領之保險給付扣減之。

被保險人（或受益人）簽名或蓋章：________(請正楷親簽)

(註：如被保險人為「未成年」或「受監護宣告」者，請法定代理人副署簽章並檢附戶口名簿影本。)

投保單位證明欄

上列各項經查明屬實，特此證明。

勞工保險證號：________　單位名稱：________
負責人：________　經 辦 人：________
電話：(　)________　地　　址：________
(單位印章)

※申請手續請洽投保單位辦理，免費又方便，無須委由他人代辦，各項欄位請覈實填寫，**如有偽造、詐欺等不法行為，將移送司法機關辦理**，如有疑義請電洽本局(電話：02-23961266 轉分機 2236)。※郵寄或送件地址：100232 臺北市中正區羅斯福路1段4號「勞動部勞工保險局」收。

110.04

勞工保險傷病診斷書

（請領傷病給付用，得以應診醫院開具載有傷病名稱及入、出院日期之證明文件正本代替）

(1) 患者姓名		(2) 身分證統一編號	
		(3) 出生日期	民國　年　月　日
(4) 診斷名稱、傷病部位及症狀（含國際疾病分類代碼）			
(5) 因該傷病初診日期		(6) 同一傷病首次就診之醫療院所	醫療院所名稱： 就診日期：
(7) 醫療期間	住院診療	自　年　月　日起至　年　月　日止（請填寫每次住院起訖日）	
	門診治療	自　年　月　日起至　年　月　日止實際治療　次	
(8) 醫療經過（含急診、門診、住院檢查及手術情形）			
(9) 目前病情及有無併發症			
(10) 醫師囑言及傷勢影響工作情形暨評估何時可恢復一般性工作（非以不能從事「原有工作」判定）			

上列患者確經本醫師親自診斷治療無訛，特此證明。

全民健康保險特約醫療院所名稱：________________

代號：____________　電話：____________

開業執照：________字第________號

地址：________________

院長（負責人）：____________　印章：

診斷醫師：____________　印章：

（醫院圖記）

出具日期：　年　月　日

※本診斷書係為請領勞工保險傷病給付用，如有登載不實，須負偽造文書責任。

註：一、本診斷書限於經領有執業執照之醫師出具，否則無效。填具本診斷書時如有更改，請醫師加蓋印章為證。

二、本診斷書請根據病歷紀錄覈實填具，住院、門診治療期間及門診實際治療次數，切勿漏填。

三、就診醫院、診所開具之乙種診斷證明書，如已載明住院診療期間（職業傷病者另需載明門診治療期間及次數），並蓋妥醫院及醫師印章，得代替本診斷書。

壹、填表前說明

傷病給付係被保險人因傷病醫療期間不能工作（普通傷害或普通疾病限「住院診療」期間，職業傷害或職業病住院或門診治療期間），以致未能取得原有薪資或收入；或僅取得部分薪資或收入者始得請領。本保險給付屬於薪資補助（補償）的性質，並非醫療費用的補助，故被保險人在傷病期間雖有治療但仍能繼續工作者，或已取得原有薪資者，均不得請領。如被保險人傷病痊癒或傷勢轉輕已能恢復工作，及已終止治療者，僅能申請至恢復工作之前 1 日止。相關法令規定、填表範例可至本局網站 https://www.bli.gov.tw 查詢。

貳、請領要件、給付標準及應備書件

給付種類	給付要件	給付標準及計算方式	申請應備書件
普通傷害 普通疾病	一、因普通傷害或普通疾病住院診療（門診或在家療養期間不予給付） 二、不能工作 三、未能取得原有薪資或報酬	一、按被保險人遭受傷害或罹患疾病住院診療之當月起（包括當月）前 6 個月平均月投保薪資之半數，自住院不能工作之「第 4 日」起發給，以 6 個月為限。但傷病事故前參加保險年資合計已滿 1 年者，增加給付 6 個月，連前 6 個月，共為 1 年。 二、計算方式：給付金額角以下四捨五入 **範例：**王先生住院前 6 個月平均月投保薪資 38,200 元，因病共住院 10 天，傷病期間未取得薪資，則王先生可請領傷病給付為： 38,200 元÷30＝1,273.3 元（日投保薪資） 1,273.3 元×50%×7 天（住院第 4 天起）＝4,457 元 (原計算金額為 4,456.5 元，角以下四捨五入，故給付金額為 4,457 元)	一、勞工保險傷病給付申請書及給付收據。 二、傷病診斷書。（得以應診醫院開具載有傷病名稱及入、出院日期之證明文件正本代替）
職業傷害 職業病	一、因職業傷害或職業病經住院或門診治療（未經治療僅在家療養期間不予給付） 二、不能工作 三、未能取得原有薪資或報酬	一、按被保險人遭受職業傷害或罹患職業病之當月起（包括當月）前 6 個月之平均月投保薪資之 70%，自不能工作之「第 4 日」起發給；如經過 1 年尚未痊癒者，減為平均月投保薪資之半數，但以 1 年為限，連前 1 年，共為 2 年。 二、計算方式：角以下四捨五入 **範例：**李小姐於 104 年 5 月 6 日遭受職業傷害自 104 年 5 月 6 日至 105 年 7 月 8 日期間不能工作，正在治療中，且未取得原有薪資，事故前 6 個月平均月投保薪資 30,300 元，則其可請領職業傷害傷病給付為： 30,300 元÷30＝1,010 元（日投保薪資） 自 104 年 5 月 9 日（不能工作之第 4 日起）至 105 年 7 月 8 日止共 427 日 1,010 元×70%×365 日＝258,055 元（第 1 年） 1,010 元×50%× 62 日＝ 31,310 元（第 2 年） 258,055 元＋31,310 元＝289,365 元（可領取之金額）	一、勞工保險傷病給付申請書及給付收據。 二、傷病診斷書。 三、首次申請如為交通事故，請填具上下班（公出）途中事故陳述書（本局印製表格），如經警察等機關處理者，請一併檢送紀錄。

參、應注意事項

一、領取傷病給付之請求權，自得請領之日起，因5年間不行使而消滅（101年12月21日修正施行）。

二、於保險有效期間內所發生之傷病，在保險效力停止後 1 年內仍可享有請領傷病給付之權利。

三、傷病給付係按日計算，以15日為一期，於期末請領。需長期治療者，得分次請領，亦得於恢復工作後一次請領。（但勿逾5年請領時效）

四、請領傷病給付需有實際治療，未經治療或不能提具申請期間之診斷書者不在給付範圍。

五、取得原有薪資者不得請領傷病給付，惟於傷病期間請特休假、排休、彈性假、輪休假、加班補休等假別而取得原有薪資者，仍得請領傷病給付。

六、雇主業依勞動基準法第59條規定給予原領工資數額之補償，惟該項給予係屬補償金之性質，與工資不同，故非屬勞工保險條例第 34 條之「原有薪資」，仍得依該條例之相關規定請領職災傷病給付。

七、因傷病正在治療中，凡有工作之事實者，無論工作時間長短，依規定不得請領傷病給付。

八、勞工保險條例第 34 條規定所稱「不能工作」，係指勞工於傷病醫療期間不能從事工作，經醫師就醫學專業診斷勞工所患傷病之「合理治療期間（含復健）」及該期間內有無「工作事實」綜合審查，而非僅以不能從事「原有工作」判定，有別於勞動基準法第 59 條之規定。

九、所檢附之文件為我國政府機關以外製作者，應經下列單位驗證（證明文件如為外文者，須連同中文譯本一併驗證或洽國內公證人認證）：

(一)於國外製作者，應經我國駐外使領館、代表處或辦事處驗證；其在國內由外國駐臺使領館或授權機構製作者，應經外交部複驗。

(二)於大陸地區製作者，應經大陸公證處公證及我國海峽交流基金會驗證。

(三)於香港或澳門製作者，應經我國駐香港或澳門之台北經濟文化辦事處驗證。

十、傷病事由、經過、申請不能工作給付期間、取薪情形及相關證明書件應覈實填寫，如以詐欺或其他不正當行為企圖領取保險給付，或為虛偽之證明、報告、陳述者，將按領取之保險給付處以2倍罰鍰；涉及刑責者，移送司法機關辦理。

學團險專用
含大專學團

國泰人壽保險股份有限公司理賠申請書

(＊)=必填欄位

保戶基本資料

被保險人（事故者）資料	(＊)保單號碼(服務人員填寫)	學號	班級科別
	(＊)姓名	(＊)身分證字號	(＊)出生日期
			年　月　日
(＊)居住住所地址	縣市　鄉市鎮區		
(＊)聯絡電話	(　)	手機	E-mail
(＊)申請種類	□非意外事故(疾病)(1)　□意外事故(傷害)(2)	(＊)申請日期	年　月　日
(＊)事故原因		(＊)事故日期	年　月　日
申請專案補助(無者免填)	□高中以下學生暨幼兒園幼兒，符合保單條款第 11 條補助身分，申請專案補助**重大手術保險金**(應檢具相關證明文件)		
(＊)理賠類別	□死亡(A)□失能(B)□重大疾病-限大專院校勾選(C)□醫療(E)□防癌(G)□生活補助金(N) 註：配合保險法修訂，自 107 年 6 月 15 日起調整「殘廢」及「失能」等相關用詞，保戶權益未受影響，詳細說明參國泰人壽官網法令公告專區。		

(＊)保險金領取方式(未勾填給付方式，一律以禁背支票支付)	□匯撥至受益人帳戶　□匯撥至法定代理人帳戶　（匯撥方式請附上存摺影本並加填下方欄位）				
	戶名		身分證字號		
	金融機構(分行)	(中文名稱)	行庫局號代號		帳號
	□禁止背書轉讓支票　□取消禁止背書轉讓支票				
	受益人身分證字號		(給付方式選取「取消禁止背書轉讓支票」者，以櫃枱親領、受益人為 7 歲以下或外籍人士為限)		

病歷、醫療及健康檢查等個人資料蒐集、處理及利用同意書(特種個資同意書)

立書人已詳閱並瞭解下欄**【個人資料保護法應告知事項】**，並同意　**貴公司於符合告知事項之目的範圍內，得蒐集、處理及利用立書人之病歷、醫療及健康檢查等個人資料**，以及將上開資料轉送與　貴公司有業務往來之再保險公司辦理再保險核保或理賠業務。立書人併此聲明，本同意書係出於立書人自由意願下所為之意思表示。

受益人與被保險人關係：□本人□父母□祖父母 □其他＿＿

(＊)立書人(即被保險人)/受益人簽名：

(被保險人及受益人不同時，兩者均須簽名)

(＊)法定代理人(監護人)簽名：

(前開受益人之簽名於被保險人身故時，僅代表受益人或其法定代理人提出理賠申請，並已知悉瞭解上述注意暨聲明事項。)

1. 109 學年度教育部國民及學前教育署招標高級中等學校以下學生團體保險，除身故保險金受益人為法定繼承人外，其他保險金受益人為學生本人。受益人為未成年人時，得選擇匯款至法定代理人帳戶(須另檢附關係證明文件)，並於本公司將款項匯入法定代理人帳戶時，視為已對受益人給付。
2. 108 學年度(含)以前教育部國民及學前教育署招標高級中等學校以下學生團體保險，受益人為被保險人之法定代理人或其家長。但被保險人已成年者，其醫療保險金、失能保險金及生活補助金受益人得為本人。

注意事項

1. **【個人資料保護法應告知事項】**依據個人資料保護法及保險法第 177 條之 1 暨其相關規定，本公司為辦理人身保險業務之客戶服務、招攬、核保、理賠、契約保全、再保險、海外急難救助、追償、申訴及爭議處理、公司內部控制及稽核業務及符合相關法令規範之需要，而蒐集您的個人資料(包括病歷、醫療及健康檢查等特種個資)。所蒐集之資料除了再保險業務或委外業務執行的需要，會在我國境外被處理及利用外，僅會於前開蒐集目的存續期間及依法令規定期間內，以合於法令規定之利用方式，於我國境內供本公司及因以上目的作業需要之第三方處理及利用。您可以至本公司各服務據點或利用利用本公司服務專線(市話請撥打免付費專線：0800036599，手機請改撥付費電話：02-21626201 或網路電話(路徑:國壽官網首頁>聯絡我們>(專線服務)客服專線>網路電話))查詢、請求閱覽、製給複製本、更正、補充、停止蒐集、處理、利用或刪除您的個人資料，惟本公司依法令規定或因執行業務所必須，得不依您的請求處理。**若您未能提供相關個人資料時，本公司將可能無法辦理您的理賠申請。**
2. 申請死亡保險金且受益人有數人時，限選擇同一領取方式；受益人達 2 人時，請另填附件(一)。
3. 因匯款帳戶錯誤、變更、撤銷等原因致無法完成轉帳者，本公司得改以禁止背書轉讓支票給付。
4. 依保險契約條款約定，受益人申請各項保險金時，本公司得請求被保險人或受益人提供被保險人病歷調查同意書，其費用由本公司負擔。
5. 各項理賠給付所需申請文件請詳見後頁，惟給付項目仍以保險契約條款之約定為準。
6. 依「全民健康保險扣取及繳納補充保險費辦法」，單張保單給付理賠延滯息達新臺幣兩萬元者，應按規定之補充保險費率扣取補充保險費，**但屬下列兩種身分者，於理賠申請時檢附下列文件可免扣取補充保險費：(1)低收入戶者**：檢附社政機關核定有效期限內之中低收入戶證明文件；**(2)未具投保資格或喪失投保資格者**：非本國人者檢附護照影本、已除籍之本國人者檢附最近 3 個月內戶籍證明。
7. **申請身故保險金者，立書人同意本公司得將相驗屍體證明書(或死亡證明書)與相關單位之即時查詢比對系統進行資料比對，以確認其正確性。**受益人申請理賠之保險事故及其相關文件如有虛偽不實者，行為人須依法負民、刑事及其他相關法律責任。
8. 受益人申領之保險金債權遭法院等執行機關扣押時，如該保險金係維持自己及共同生活親屬之生活所必需者，受益人得依強制執行法第 122 條規定，向該執行機關聲請或聲明異議。

(＊)投保學校證明欄

投保學校		關防/學保專用章
學校代號		
校址	□□□	
電話		
校（園、所）長或職務代理人	職章	可以具完整學校名稱字樣之橡皮章代替學校印信(關防或學保專用章)
經辦人員	簽章	

本申請書所載被保險人確係本校學生並已參加學生團體保險，特此聲明。

(＊)服務人員（送件人）基本資料

送件人姓名		單位代號		送件人 ID	
連絡電話	市話：(　)	分機		手機：	

303002　00015

109.12 版

以高中職以下為例

國泰人壽保險股份有限公司理賠申請書

(＊)=必填欄位

保戶基本資料

被保險人(事故者)資料	(＊)保單號碼(服務人員填寫)	學號	班級科別
		1314888	白兔班
	(＊)姓名	(＊)身分證字號	(＊)出生日期
	哆啦霹	H111111111	105 年 7 月 7 日
(＊)居住住所地址	235 台北 縣市 大安 鄉市鎮區 XX 路 XX 號		
(＊)聯絡電話	( )	手機 0900000000	E-mail
(＊)申請種類	☑非意外事故(疾病)(1) □意外事故(傷害)(2)	(＊)申請日期	109 年 10 月 1 日
(＊)事故原因	腸胃炎	(＊)事故日期	109 年 9 月 1 日
申請專案補助(無者免填)	□高中以下學生暨幼兒園幼兒，符合保單條款第 11 條補助身分，申請專案補助**重大手術保險金**(應檢具相關證明文件)		
(＊)理賠類別	□死亡(A)□失能(B)□重大疾病-限大專院校勾選(C)☑醫療(E)□防癌(G)□生活補助金(N)		

(＊)保險金領取方式(未勾填給付方式，一律以禁背支票支付)	□匯撥至受益人帳戶 ☑匯撥至法定代理人帳戶 (匯撥方式請附上存摺影本並加填下方欄位)			
	戶名	哆啦霹媽	身分證字號	H222222222
	金融機構(分行)	國泰松山	行庫局號代號 0130372	帳號 0130000000
	□禁止背書轉讓支票 □取消禁止背書轉讓支票			
	受益人身分證字號		(給付方式選取「取消禁止背書轉讓支票」者，以櫃枱親領、受益人為 7 歲以下或外籍人士為限)	

病歷、醫療及健康檢查等個人資料蒐集、處理及利用同意書(特種個資同意書)

立書人已詳閱並瞭解下欄【個人資料保護法應告知事項】，並同意 貴公司於符合告知事項之目的範圍內，得蒐集、處理及利用立書人之病歷、醫療及健康檢查等個人資料，以及將上開資料轉送與 貴公司有業務往來之再保險公司辦理再保險核保或理賠業務。立書人併此聲明，本同意書係出於立書人自由意願下所為之意思表示。

受益人與被保險人關係：□本人☑父母□祖父母 □其他____

(＊)立書人(即被保險人)/受益人簽名：哆啦霹 哆啦霹媽 (被保險人及受益人不同時，兩者均須簽名)

(＊)法定代理人(監護人)簽名：

(前開受益人之簽名於被保險人身故時，僅代表受益人或其法定代理人提出理賠申請，並已知悉瞭解上述注意暨聲明事項。)

1.100 學年度教育部國民及學前教育署招標高級中等學校以下學生團體保險，除身故保險金受益人為法定繼承人外，其他保險金受益人為學生本人。受益人為未成年人時，得 … 匯入法定代理人帳戶(須另檢附關係證明文件)，並於本公司將款項匯入法定代理人帳戶時，視為已對受益人給付。

2.108 學年度(含)以前教育部國 … 署招標高級中等學校以下學生團體保險，受益人為被保險人之法定代理人或其家長，但被保險人已成年者 …

受益人為學生本人，如欲匯入本人帳戶，選擇「匯撥至受益人帳戶」。如受益人未成年，可選擇「匯撥至法定代理人帳戶」，匯入法代帳戶，受益人及法代皆需簽名。

注意事項

1. 【個人資 … 公司為辦理人身保險業務之客戶服務，招攬、核保、理賠、契約 … 合相關法令規範之需要，而蒐集您的個人資料(包括病歷、醫療 … 我國境外被處理及利用外，僅會於前開蒐集目的存續期間及依法 … 貴公司之第三方處理及利用。您可以至本公司各服務據點或利用利 … 626201 或網路電話(路徑:國壽官網首頁>聯絡我們>(專線服務)客服專線>網路電話))查詢，請求閱覽、製給複製本、更正、補充、停止蒐集、處理、利用或刪除您的個人資料，惟本公司依法令規定或因執行業務所必須，得不依您的請求處理。**若您未能提供相關個人資料時，本公司將可能無法辦理您的理賠申請。**
2. 申請死亡保險金且受益人有數人時，限選擇同一領取方式；受益人逾 2 人時，請另填附件(一)。
3. 因匯款帳戶錯誤、變更、撤銷等原因致無法完成轉帳者，本公司得改以禁止背書轉讓支票給付。
4. 依保險契約條款約定，受益人申請各項保險金時，本公司得請求被保險人或受益人提供被保險人病 …
5. 各項理賠給付所需申請文件請詳見後頁，惟給付項目仍以保險契約條款之約定為準。
6. 依「全民健康保險扣取及繳納補充保險費辦法」，單張保單給付理賠延滯息達新臺幣兩萬元者，應按 … 但屬下列兩**種身分者，於理賠申請時檢附下列文件可免扣取補充保險費：(1)低收入戶者**：檢附社政機關核定有 … 未具投保資格**或喪失投保資格者**：非本國人者檢附護照影本、已除籍之本國人者檢附最近 3 個月內戶籍證明。
7. **申請身故保險金者，立書人同意本公司得將相驗屍體證明書(或死亡證明書)與相關單位之即時查詢比** … 性。受益人申請理賠之保險事故及其相關文件如有虛偽不實者，行為人須依法負民、刑事及其他相關法律責任。
8. 受益人申領之保險金債權遭法院等執行機關扣押時，如該保險金係維持自己及共同生活親屬之生活所必需者 … 得依強制執行法第 122 條規定，向該執行機關聲請或聲明異議。

若無蓋學校關防章，國泰後續將會請學校進行線上學籍確認。

(＊)投保學校證明欄

投保學校	泰泰幼兒園	關防/學保專用章
學校代號	XXXXXX	
校址	□□□台北市大安區仁愛路四段 296 號	
電話	02-27551399	
校(園、所)長或職務代理人	XXXXX 職章	可以具完整學校名稱字樣之橡皮章代替學校印信(關防或學保專用章)
經辦人員	XXXXX 簽章	

本申請書所載被保險人確係本校學生並已參加學生團體保險，特此聲明。

(＊)服務人員(送件人)基本資料

送件人姓名		單位代號	
連絡電話	市話：( )		

保戶無須填寫

學團險專用
含大專學團

國泰人壽保險股份有限公司理賠申請書附件(一)

事故者基本資料			
(*)姓　名	哆啦霉	(*)身分證字號	H 1 1 1 1 1 1 1 1 1

保險金給付方式

領取方式	☑匯撥至受益人帳戶（請填帳戶資料）☐禁止背書轉讓支票 ☐匯撥至法定代理人帳戶（請填帳戶資料） ☐取消禁止背書轉讓支票（選取左列給付方式者，以櫃檯親領、受益人為7歲以下或外籍人士為限）	請於帳戶資料身分證字號欄填寫**受益人身分證字號**，以利給付作業。

帳戶資料					
戶名	哆啦B夢			身分證字號	B 1 1 1 1 1 1 1 1 1
金融機構(分行)	國泰松山	行庫局號代號	0130372	帳號	0140000000
戶名	哆啦C夢			身分證字號	C 1 1 1 1 1 1 1 1 1
金融機構(分行)	國泰松山	行庫局號代號	0130372	帳號	0150000000
戶名				身分證字號	
金融機構(分行)	(中文名稱)	行庫局號代號		帳號	

1. 申請死亡保險金且受益人有數人時，限選擇同一領取方式。
2. 因匯款帳戶錯誤、變更、撤銷等原因致無法完成轉帳者，本公司得改以禁止背書轉讓支票給付。
3. 依保險契約條款約定，受益人申請各項保險金時，本公司得請求被保險人或受益人提供被保險人病歷調查同意書，其費用由本公司負擔。
4. 各項理賠給付所需申請文件請詳見後頁，惟給付項目仍以保險契約條款之約定為準。
5. 依「全民健康保險扣取及繳納補充保險費辦法」，單張保單給付理賠延滯息達新臺幣兩萬元者，應按規定之補充保險費率扣取補充保險費，但屬下列兩種身分者，於理賠申請時檢附下列文件可免扣取補充保險費：(1)低收入戶者：檢附社政機關核定有效期限內之中低收入戶證明文件；(2)未具投保資格或喪失投保資格者：非本國人者檢附護照影本、已除籍之本國人者檢附最近3個月內戶籍證明。
6. 申請身故保險金者，受益人同意本公司得將相驗屍體證明書(或死亡證明書)與相關單位之即時查詢比對系統進行資料比對，以確認其正確性。受益人申請理賠之保險事故及其相關文件如有虛偽不實者，行為人須依法負民、刑事及其他相關法律責任。
7. 受益人申領之保險金債權遭法院等執行機關扣押時，如該保險金係維持自己及共同生活親屬之生活所必需者，受益人得依強制執行法第122條規定，向該執行機關聲請或聲明異議。
8. **【個人資料保護法應告知事項】**依據個人資料保護法及保險法第177條之1暨其相關規定，本公司為辦理人身保險業務之客戶服務、招攬、核保、理賠、契約保全、再保險、海外急難救助、追償、申訴及爭議處理、公司內部控制及稽核業務及符合相關法令規範之需要，得蒐集您的個人資料(包括病歷、醫療及健康檢查等特種個資)。所蒐集之資料除了再保險業務或委外業務執行的需要，會在我國境外被處理及利用外，僅會於前開蒐集目的存續期間及依法令規定期間內，以合於法令規定之利用方式，於我國境內供本公司及因以上目的作業需要之第三方處理及利用。您可以至本公司各服務據點或利用本公司服務專線(市話請撥打免付費專線：0800-036599，手機請改撥付費電話：02-21626201 或網路電話(路徑:國壽官網首頁>聯絡我們>(專線服務)客服專線>網路電話))查詢、請求閱覽、製給複製本、更正、補充、停止蒐集、處理、利用或刪除您的個人資料，惟本公司依法令規定或因執行業務所必須，得不依您的請求處理。**若您未能提供相關個人資料時，本公司將可能無法辦理您的理賠申請。**

受益人簽名： 哆啦B夢　哆啦C夢

法定代理人：
(監護人)

各項理賠給付所需申請文件

申請文件＼給付項目	醫療保險金	失能保險金	生活補助金	身故保險金	專案補助重大手術保險金(限編制內接受保險費補助之學生專用)
學團險專用理賠申請書	V	V	V	V	V
醫療診斷書（註6）	V				V
醫療費用收據	V（註1）				V（註1）
失能診斷書、身心障礙手冊及其他失能鑑定文件		V			
死亡診斷書或相驗屍體證明書				V	
除戶戶籍謄本				V	
受益人與被保險人的關係證明（註2）	（註2）	（註2）	（註2）V（註3）	V	
學籍資料(或入學資料影本)(請蓋經辦人職章)	V（註4）	V（註4）		V（註4）	V（註4）
保險費補助之身分證明					V
法定繼承人聲明暨同意書				V（註5）	

註1：請領醫療保險金者，須檢附診斷書及醫療費用收據（若以副本或影本代替，須請原醫療院所加蓋院方關防或其他專用章為證）。
註2：受益人與被保險人的關係證明(如戶籍謄本、扶養證明等)，須能證明受益人為被保險人的法定代理人、法定繼承人、監護人、實際扶養人或家屬關係及親等。申請108學年度(含)以前教育部國民及學前教育署招標高級中等學校以下學生團體保險之醫療保險金、失能保險金及生活補助金時亦須檢附。
註3：生活補助金請領的受益人身分證明必須能證明被保險人滿失能週年仍生存(如戶籍謄本)。
註4：由學校於保險金申請書加蓋關防或學保專用章證明被保險人學籍身分，或國小以上學生可提供學籍資料，教保服務機構幼童可附入學資料。
註5：申請108學年度(含)以前教育部國民及學前教育署招標高級中等學校以下學生團體保險之身故保險金，受益人非法定繼承人時，不須檢附。
註6：**診斷名稱(病名)「建議」可請醫師加註國際疾病編碼第十版的診斷碼，可加快理賠判斷。**
註7：受益人申領各項保險金時，本公司於必要時，可請受益人提供上表以外之其他相關文件。另本公司於必要時得經其同意調閱被保險人之就醫相關資料(須檢附同意查詢聲明書)，其費用由本公司負擔。

303004　00012

國泰人壽學生(童)團體保險被保險人健康聲明書

保單號碼：G________________

※本健康聲明書係附於並構成『國泰人壽學生(童)團體保險要保書』之一部分。

被保險人 姓　名		性 別	男□ 女□	出生 日期	年　月　日 (　　歲)	身分證 統一編號	
學校 名稱		學校 代號		有無在半年內因疾病或外傷請假三天以上		病名： 請假期間：　　～	

被保險人目前是否受有監護宣告（請勾選）？ □是（請提供其相關證明文件）　□否。

※被保險人對於告知事項之詢問應親自據實填寫，如有為隱匿或遺漏不為說明，或為不實之說明，足以變更或減少本公司對於危險之估計者，本公司得依保險法第六十四條之規定解除該被保險人之部分契約，其危險發生後亦同。

1.被保險人目前身高　　　　公分，體重　　　　公斤	請勾選
2.過去二年內是否曾因患有下列疾病，而接受醫師治療、診療或用藥？ (1)高血壓症(指收縮壓 140mmHG 舒張壓 90mmHG 以上)、狹心症、心肌梗塞、先天性心臟病、主動脈血管瘤 (2)腦中風(腦出血、腦梗塞)、腦瘤、癲癇、智能障礙(外表無法明顯判斷者)、精神病、巴金森氏症 (3)癌症(惡性腫瘤)、肝硬化、尿毒、血友病 (4)糖尿病 (5)酒精或藥物濫用成癮、眩暈症 (6)視網膜出血或剝離、視神經病變	□是 □否
3.目前身體機能是否有下列障害？ (1)失明 (2)曾因眼科疾病或傷害接受眼科專科醫師治療、診療或用藥，且一目視力經矯正後，最佳矯正視力在萬國視力表 0.3 以下 (3)聾 (4)曾因耳部疾病或傷害接受耳鼻喉科專科醫師治療、診療或用藥，且單耳聽力喪失程度在 50 分貝(dB)以上 (5)啞 (6)咀嚼、吞嚥或言語機能障害 (7)四肢(含手指、足趾)缺損或畸形	□是 □否

<上列各欄如有勾選"是"者，請詳填：●病名（外傷者，含受傷部位）●就診醫院●就診期間●診療過程（門診或住院）●有無手術●治療結果及目前狀況。詳記於此欄>

1.本人(被保險人)同意 貴公司得蒐集、處理及利用本人相關之健康檢查、醫療及病歷個人資料。

2.本人(被保險人、要保人)同意 貴公司將本要保書上所載本人資料轉送產、壽險公會建立電腦系統連線，並同意產、壽險公會之會員公司查詢本人在該系統之資料以作為核保及理賠之參考，但各該公司仍應依其本身之核保或理賠標準決定是否承保或理賠，不得僅以前開資料作為承保或理賠與否之依據。

3.本人(被保險人、要保人)同意 貴公司就本人之個人資料，於「個人資料保護法」所規定之範圍內，有為蒐集、處理、及利用之權利。

此　致

國泰人壽保險股份有限公司

要保單位審核簽章：　　　　　　　　被保險人簽章：________________

填寫日期：中華民國　　年　　月　　日

服務人員	公司審核欄
單位：____________ 轄區代號：____________ 姓名：____________ 登錄字號：____________ 手機：	

711084　　10701 版

富邦人壽　個人保險理賠保險金申請書

配合保險法部分條文修正，理賠相關文件進行用詞調整，用詞對照詳後說明。修正前……影響。

請填寫事故人身分證號碼

請勾選申請項目

申請資料

事故人	身分證號碼
申請項目	01.☐ 醫療 02.☐ 身故 03.☐ 癌症 04.☐ 失能 05.☐ …… 08.☐ 失能扶助/失能補助金 09.☐ 差額給付證明 10.☐ ……
申請聲明	01.☐ 申請附約延續(請同時檢附「被保險人同意附約延續聲明暨委任書」) 02.☐ 申請身故或完全失能案件：因保險單遺失時，受益人聲明保險單作廢。 03.☐ 生命末期/生前需求提前給付 04.☐ 老年住院提前給付（03.或04.要保人簽章：　　　） ……家庭型或眷屬附約時，請填寫該附約之保單號碼。（保單號碼：　　　）

符合附約延續批註條款適用範圍且欲提出申請時，請勾填此欄並同時附上「被保險人同意附約延續聲明暨委任書」

申請身故或完全失能案件時，如保險單遺失，請另行聲明，無須再填寫保險單遺遺失切結書

保險事故

	事故時間　民國　年　月　日　時
……形及診斷(如為車禍事故，請填寫車號)	
處理單位　分局/派出所	聯絡電話

申請險種如為家庭型或眷屬附約時，請填寫該附約之保單號碼

事故發生時，若有報警處理，請註明處理警局、警員姓名及聯絡電話

請填寫詳細事故發生地點、原因、經過及診斷，以加速本公司處理效率

受益人給付方式與聯絡資料

給付方式	1.☐ 匯款 2.☐ 支票(帳戶資料不須填寫) 3.☐ 匯入前次理賠帳號
帳號戶名	身分證號碼
金融機構	分行
帳　號	
行動電話	聯絡市話
聯絡地址	路/街　段　巷　弄　號　樓

*身故保險……明
*帳號請參照存摺封面之帳號填寫……、匯款……以……支票給付。

請勾選給付方式，若選擇匯款，請務必正確填寫戶名、銀行名稱、分行及帳號(外幣保單限以匯款方式給付理賠保險金，並依約定將款項匯入指定帳戶)

如欲將理賠保險金匯入前次理賠帳號，僅須勾填此欄

請填寫受益人行動電話，如身故受益人有多人時，則請另填寫「理賠申請書附表-保險金給付聲明」

理賠申請告知暨注意事項

富……錢防制法相關規定，向 台端告知下列事項，請 台端務必詳閱。
本……利用您的個人資料(如姓名、身分證統一編號、聯絡方式、病歷或醫療、健康檢查等)，該資料會在前開蒐集目的存續期間及依法令規定執行業務之期間內被處理或利用。您的個人資料除了基於海外急難救助服務、境外理賠申請文件轉送服務、再保險業務或委外業務執行的需要會在我國境外處理及利用外，僅會以電子檔案或紙本形式於我國境內供本公司及上傳產壽險公會建立查詢系統、本公司的委外廠商、保險事業發展中心、金融消費評議中心、依法有調查權機關或金融監理機關處理及利用，若申請項目為身故保險金時，為確認本次理賠申請所檢附相驗屍體證明書(或死亡證明書)內容之正確性，本公司將提供前開資料予衛生福利部死亡通報系統以進行資料比對。本公司保有您的個人資料時，您可以至本公司各服務中心或透過免費客戶服務專線查詢、請求閱覽或製給複製本。若您的個人資料有誤或記載不完全，您可以書面通知補充或更正，但依法您應為適當的理由說明；若尚有其他疑義時，您也可以書面通知本公司停止蒐集、處理、利用或刪除您的個人資料。若您選擇不同意提供或是提供之個人資料不完全時，本公司將可能延後或無法進行必要之審核及處理作業，因此可能延遲或無法提供相關理賠給付。
此外，個人或法人、團體於理賠申請時，需提供身分證明文件或法人、團體登記證明文件、股權結構資料及負責人、董監事、總經理、出資25%以上股東之基本資料。

特種個資同意書

病歷、醫療及健康檢查等個人資料蒐……

立書人(以下簡稱本人)同意　貴公司基於理賠申請與查證事故經過需……項管理辦法所規……司辦理再保……康檢查個人資料……
此致　富邦人壽保險股份有限公司

立書人(即被保險人)/受益人簽章：＿＿＿＿　法定代理人/監護人/輔助人簽章：＿＿＿＿
法定代理人/監護人/輔助人身分證號碼：＿＿＿＿　國籍：＿＿＿＿　出生日期：＿＿＿＿

中　華　民　國　年　月　日

立書人(被保險人)/受益人請簽章

立書人(被保險人)/受益人為未成年人、受監護或輔助宣告之人時，法定代理人、監護人或輔助人亦須簽章並請填寫身分證號碼、國籍及出生日期

*本人申領保險給付，已確認上列相關資料正確無誤，本件為保險經紀人公司送件申請時，由保險經紀人公司代理簽收保險給付通知書。
*立書人、受益人為未成年人、受監護或輔助宣告之人時，應由法定代理人、監護人或輔助人親自簽名同意。

送件人資料

送件(見證)人員簽章		登錄字號/執業證書編號		行動電話	

*本申請書上受益人之簽名，或其身分證影本之真實，均係由本人見證，且本人保證無任何其它虛偽情事。

單位代碼	助理簽章	理賠單位收文章	理賠案號

※本申請書請逐項填寫，應備文件及注意事項請參考背頁說明；如您有申請理賠的需要，可透過您的業務人員或親至櫃檯辦理，簡單又方便，無須委由他人代辦，以確保您自身的權益。

01060100008

*申請各項保險給付應檢附文件，請參閱理賠申請書背面之一覽表

MCLM0105 109.12

富邦人壽　團體保險理賠保險金申請書

> 請勾選投保類別

配合保險……請相關文件進行用詞調整，用詞對照詳後說明。修正前已生效保單之保戶權益不受影響。

投保類別：☐ 大團險 RC 險　☐ 小團險 C/B 件　……司員工團保件　☐ CPI 學生暨教職員團體　☐ TA　☐ 其它

> 請勾選申請項目

申請項目：☐ 身故保險金　☐ 重大疾病保險金　☐ 失能保險金　☐ 傷害醫療保險金　☐ 住院醫療日額保險金　☐ 住院醫療保險金　☐ 癌症醫療保險金　☐ 其它　☐ 差額給付證明

☐ MG 件申請身故或完全失能案件：因保險單遺失時，本人聲明保險單作廢。

> MG 件申請身故或完全失能案件時，如保險單遺失，請另行聲明，無須再填寫保險單遺失切結書

要保單位：　　員工部門別：

事故人基本資料

員工姓名：　生日：民國　　員工編號：

事故人姓名：　生日：民國　年　月　日　身分證號碼：　事故人與員工關係：

> 請填寫要保單位、員工及事故人基本資料

> 請填寫事故人與員工之關係

事故人聯絡電話：　行動電話　E-mail

員工聯絡電話：（　）　行動電話

事故人住所地址　縣/市　鄉/鎮/區/市　……號　樓

> 事故發生時，若有報警處理，請註明處理警局、警員姓名及聯絡電話

保險事故

事故時間：民國　年　月　日　時　……☐ 健保 ☐ 自費

處理單位：　分局/　派出所　處理警員：　聯絡電話：

請說明保險事故發生地點、原因……（……事故，請填寫車號）

> 如欲將理賠保險金匯入前次理賠帳號，僅須勾填此欄

> 請填寫詳細事故發生地點、原因、經過及診斷，以加速本公司處理效率

受益人給付方式與聯絡資料

給付方式　1.☐ 匯款　2.☐ 支票(帳戶資料不須填寫)　3.☐ 匯入前次理賠帳號

帳號戶名　身分證號碼　行動電話

金融機構　分行代碼 ☐☐☐☐☐☐☐

帳　　號 ☐☐☐☐☐☐☐☐☐☐☐☐☐☐

> 請勾選給付方式，若選擇匯款，請務必正確填寫戶名、銀行名稱、分行及帳號

*身故保險金有二人以上受益人時，請另填寫「理賠申請書附表-保險金給付聲明」

*帳號請參照存摺由左而右填寫，如不足14碼者，請空白，勿補零。戶名、匯款帳號有誤或不全，本公司得改以禁止背書轉讓支票給付。

聯絡地址　縣/市　鄉/鎮/區/市　村/里　路/街　段　巷　弄　號　樓

理賠申請告知暨注意事項

富邦人壽保險股份有限公司(下稱本公司)依據個人資料保護法及洗錢防制法相關規定，向　台端告知下列事項，請　台端務必詳閱。

本公司因辦理您的理賠申請與查證事故經過，會需要蒐集、處理及利用您的個人資料(如姓名、身分證統一編號、聯絡方式、病歷或醫療、健康檢查等)，該資料會在前開蒐集目的存續期間及依法令規定執行業務之期間內被處理或利用。您的個人資料除了基於海外急難救助服務、境外理賠申請文件轉送服務、再保險業務或委外業務執行的需要會在我國境外處理及利用外，僅會以電子檔案或紙本形式於我國境內供本公司及上傳產壽險公會建立查詢系統，本公司的委外廠商、保險事業發展中心、金融消費評議中心、依法有調查權機關或金融監理機關處理及利用，若申請項目為身故保險金時，為確認本次理賠申請所檢附相驗屍體證明書(或死亡證明書)內容之正確性，本公司將提供前開資料予衛生福利部死亡通報系統以進行資料比對。本公司保有您的個人資料時，您可以至本公司各服務中心或透過免費客戶服務專線查詢、請求閱覽或製給複製本。若您的個人資料有誤或記載不完全，您可以書面通知補充或更正，但依法您應為適當的理由說明；若尚有其他疑義時，您也可以書面通知本公司停止蒐集、處理、利用或刪除您的個人資料。若您選擇不同意提供或是提供之個人資料不完全時，　本公司將可能延後或無法進行必要之審核及處理作業，因此可能延遲或無法提供相關理賠給付。

此外，個人或法人、團體於理賠申請時，需提供身分證明文件或法人、團體……理、出資25%以上股東之基本資料。

> 立書人(被保險人)/受益人為未成年人、受監護或輔助宣告之人時，法定代理人、監護人或輔助人亦須簽章並請填寫身分證號碼、國籍及出生日期

特種個資同意書

病歷、醫療及健康檢查等個人資料蒐集……

立書人(以下簡稱本人)……管理辦法所規定範圍內(包……查個人資料。

> 立書人(被保險人)/受益人請簽章

此致　富邦人壽保險股份有限公司

立書人(即被保險人)/受益人簽章：＿＿＿＿＿＿　法定代理人/監護人/輔助人簽章：＿＿＿＿＿＿

法定代理人/監護人/輔助人身分證號碼：＿＿＿＿＿＿　國籍：＿＿＿＿　出生日期：＿＿＿＿

中　華　民　國　　年　　月　　日

*本人申領保險給付，已確認上列相關資料正確無誤，本件為保險經紀人公司送件申請時，由保險經紀人公司代理簽收保險給付通知書。

*立書人、受益人為未成年人、受監護或輔助宣告之人時，應由法定代理人、監護人或輔助人親自簽名同意。

送件人員資料

送件（見證）人員簽章　　送件人員行動電話

*本申請書上受益人之簽名，或其身分證影本之真……虛偽情事。

> 須要保單位用印，並請填寫要保單位承辦人員姓名

單位代碼	要保單位簽章	助理簽章	理賠單位收文章

> *申請各項保險給付應檢附文件，請參閱理賠申請書背面之一覽表

※本申請書請逐項填寫，應備文件及注意事項請參考背頁說明；如您有申請理賠的需要，可請透過您的業務人員或親至櫃檯辦理，簡單又方便，無須委由他人代辦，以確保您自身的權益。

MCLM0304 109.12

1-W00X0060-0

強制汽車責任保險理賠申請書

受害人		身分證統一編號		年 月 日生
住 址				□本國 □外國
乘坐車輛牌照號碼		□駕駛人 □乘客 □車外人	受害人連絡電話	□男性 □女性 □已婚 □未婚

□1. 憲警立即現場處理 □2. 事後憲警單位報備	憲警單位名稱		處理警員姓名		電話	
事故日期		事故地點				

請簡述事故經過：

加害人 □1. 有 □2. 無 與受害人達成和解，和解金額 元 □附和解書影本

茲為防制重複申請強制汽車責任保險理賠之情事，本人了解並同意保險公司得將本人申請強制汽車責任保險理賠之保險金資料(包括但不限於一般個人資料以及病歷、醫療等特種個人資料)，得為蒐集、處理及利用，並得提供予其他財產保險公司、財團法人汽車交通事故特別補償基金或產險公會查詢或核對之用。

此 致 產物保險股份有限公司

簽 章：

請求權人聲明：

一、以上所述皆與事實相符，本人若已自加害人取得賠償或已向其他財產保險公司申請強制險理賠而未說明，願依民法第 179 條不當得利之規定，返還所受領之保險金。

二、本人同意所提供之個人資料得以電子檔案或紙本形式於我國境內供貴公司上傳產、壽險公會建立查詢系統，貴公司的業務委外廠商、財團法人保險事業發展中心、財團法人金融法制暨犯罪防制中心、財團法人金融消費評議中心、依法有調查權機關或金融監理機關處理及利用。

產險業履行個人資料保護法告知義務內容

本公司辦理您的理賠申請而蒐集、處理或利用您的病歷、醫療或與事故經過相關的查證等資料，均為評估理賠義務之履行、辦理再保險或風險評估等執行保險業務目的之用。

本公司僅會蒐集因上述業務所必要之個人資料，該資料會在前開蒐集目的存續期間及依法令規定執行業務之期間內被處理或利用。

本公司保有您的個人資料時，您可以至本公司各服務中心或透過免費客戶服務專線查詢、請求閱覽或製給複本。若您的個人資料有誤或記載不完全，您可以書面通知補充或更正，但依法您應為適當的理由說明；若尚有其他疑義時，您也可以書面通知本公司停止蒐集、處理、利用或刪除您的個人資料。本公司基於上述原因而須蒐集、處理或利用您的個人資料時，若您選擇不同意或是提供之個人資料不完全，本公司將可能無法進行必要之審核及處理作業，因此遲延或無法提供對您的服務或給付。

【註】：上開告知事項已公告於本公司官網，如有任何問題歡迎洽詢本公司免付費專線。

請求權人

姓名： 身分證統一編號： 簽章：

與受害人關係：□1. 本人 □2. 配偶 □3. 子女 □4. 父母 □5. 祖父母 □6. 孫子女 □7. 兄弟姐妹 □其他____

通訊地址 (郵遞區號) □□□□□ 聯絡電話：

民國 年 月 日

請求權人戶名		銀行/郵局/農會		分行	帳號	

下列資料如有缺漏，得由本公司經辦人填寫

肇事車牌照號碼		投保公司		保單號碼		
加害駕駛人		身分證統一編號		年 月 日生	□本國□男性□已婚 □外國□女性□未婚	
住址				聯絡電話		
與肇事車所有人關係	□本人.□配偶.□直系親屬.□兄弟姊妹. □負責人.□負責人家屬.□受僱者.□租用被保險車輛.□其他.(請說明)____					

本公司經辦人填寫專區

受理編號：____

E-mail：____

預估金額		客服接案	日期	跨售窗口專用	日期
90					
91					
92			人員		人員

□登錄/□身份證號： 送件人員(見證人)簽章： 行動電話：

(本申請書上之簽名或其身分證影本之真實，均係由本人見證，且本人保證無任何其它虛偽情事)

1090415 版

賠案號碼：

病歷、醫療及健康檢查等個人資料蒐集、處理或利用同意書

本公司依據個人資料保護法及保險法第 177 條之 1 暨其授權辦法等規定，關於病歷、醫療及健康檢查等個人資料所為蒐集、處理或利用，除本公司「告知說明書」所列告知事項外，就　台端個人病歷、醫療及健康檢查等資料之蒐集、處理或利用，將於人身保險及財產保險業務之客戶服務、招攬、核保、理賠、契約保全、再保險、追償、申訴及爭議處理、公司辦理內部控制及稽核之業務及符合相關法令規範等之目的及範圍內使用。若　台端不同意本公司蒐集、處理或利用前述資料，本公司將可能無法提供　台端相關人身保險及財產保險業務之申請及辦理。

立同意書人已瞭解上述說明，並同意　貴公司於符合相關法令規範範圍內，得為蒐集、處理或利用本人之病歷、醫療及健康檢查等個人資料，以及將上開資料轉送與　貴公司有業務往來之再保險公司辦理再保險核保或理賠業務。立同意書人併此聲明，此同意書係出於本人意願下所為之意思表示。

此致

富邦產物保險股份有限公司

立 同 意 書 人　　　　簽名：＿＿＿＿＿＿＿＿＿＿＿＿

法定代理人/監護人/輔助人　簽名：＿＿＿＿＿＿＿＿＿＿＿＿

(如立書人為未成年人或受監護或輔助宣告之人，請法定代理人、監護人或輔助人一併簽章，並提供關係證明、身分證正反面影本等)

中華民國　　　　年　　　　月　　　　日

0-Y00X0150-0

國家圖書館出版品預行編目（CIP）資料

理賠，誰賠你？別怕，我陪你！合法理賠代辦陪你爭益
不再有爭議 / 陳金鍊著 ; 陳哲宏撰文. -- 初版.
-- 臺北市 : 智庫雲端有限公司, 民 111.01
面 ; 公分
ISBN 978-986-06584-3-9(平裝)

1. 保險理賠

563.724 110020534

理賠，誰賠你？別怕，我陪你

合法理賠代辦陪你爭益不再有爭議

作　　者　陳金鍊
文字撰述　陳哲宏
出　　版　智庫雲端有限公司
發 行 人　范世華
美編設計　劉瓊蔓
攝　　影　彭楚玲
地　　址　台北市中山區長安東路 2 段 67 號 4 樓
統一編號　53348851
電　　話　02-25073316
傳　　真　02-25073736
E-mail　tttk591@gmail.com

總 經 銷　采舍國際有限公司
地　　址　新北市中和區中山路二段 366 巷 10 號 3 樓
電　　話　02-82458786 (代表號)
傳　　真　02-82458718
網　　址　http://www.silkbook.com

版　　次　2022 年（民 111 年）1 月初版一刷
定　　價　340 元
ISBN　978-986-06584-3-9